審査員が秘訣を教える！

"改訂 ISO 9001"

[品質マネジメントシステム]

対応・導入マニュアル

一般社団法人 日本能率協会 審査登録センター［編著］

日刊工業新聞社

はじめに

　ISO9000 シリーズの品質マネジメントシステム規格が 1987 年に発行されてから 30 年近い月日が流れ、合計 4 回の改訂を経て今回の 2015 年版発行に至っています。

　その間、全世界でこの規格が利用され第三者認証の制度も成熟し、製造業に限らずサービス業など幅広い業種に適用されたことで、今や認証取得が特別なことではないと認知されるまでの広がりを見せてきました。

　この規格を有効に利用し、経営に直結するマネジメントシステムとして活用、運用している企業・組織も多いことは言うまでもありません。

　しかし、本当にこのマネジメントシステムが、第三者認証を受けている全ての組織内で受け入れられ、定着し、成熟したと言えるでしょうか。

　2015 年の規格改訂は、この本質的な部分をついており、まずは、組織の経営と品質マネジメントシステムを融合することを要求しています。

　一般社団法人日本能率協会　審査登録センター（略称：JMAQA）は 1994 年の設立以来 20 年以上の審査経験を有しますが、当初より経営と品質マネジメントシステムの融合を組織に求め、各組織の審査現場においては、経営者への審査・ヒアリングを十分な時間を割いて実施してきました。これは、経営者が考えている「経営」がこれから審査する品質マネジメントシステムと融合しているかの確認に反映するためです。この経験において、今回改訂された規格が云わんとしていることは何なのかを、JMAQA 内で議論し続けてきました。

　本書もそうした視点から企画、執筆しました。

　ISO9001 の認証取得、認証維持、認証規格移行のみならず、組織が提供する製品及びサービスの品質パフォーマンス向上を目指す組織の方々に、ぜひご一読いただきたく存じます。

筆者代表　一般社団法人日本能率協会
審査登録センター　センター長
安井　亮一

本書の利用法

　本書は2015年9月に改訂版が発行されたISO9001（JISQ9001）を正しく理解し、組織の事業プロセスと融合した品質マネジメントシステム（QMS）を構築・運用していただくことを主目的に、認証機関、審査員サイドから書いたものである。

　読者として、次の組織（企業、団体、自治体など）の管理責任者、事務局を中心に想定している。

- これからQMSを構築し、認証を取得しようとしている組織
- 2008年版から、2015年版へと規格移行を進めている組織
- 組織の「経営」マネジメントシステムを、2015年版を利用してブラッシュアップしようとしている組織

　また、認証組織などのユーザーだけではなく、そうした組織を指導するコンサルタント、研修講師の方々にも、認証機関、審査員がQMS審査において、規格をどう理解し、審査を実施しているのかをご理解いただき、指導に当たり、本書を活用いただければ幸いである。

　このような目的から、本書は4章から構成している。

　第1章は、「QMS認証を取り巻く環境」について記している。

　既に日本国内では成熟期に入ったとされるQMS認証の現状を様々な角度から考察し、これから目指すべきQMSのあり方を検証する。

　第2章は2015年9月15日に発行されたISO 9001：2015の「変更内容の概要」である。

　今後新しく開発されるISOマネジメントシステム規格を含め、現在、利用されているISOマネジメントシステム規格（ISO14001、ISO27001など）も同じ章立てで構成されるルールとなっている。

　HLS（ハイレベルストラクチャー）や共通テキスト、共通MSS（マネジメントシステムスタンダード）と呼ばれる構成である。

　ISO9001：2015を理解するためには、共通MSSの理解は避けては通れないので、本章ではできるだけ平易に解説する。

　第3章は、「JISQ 9001：2015 要求事項と規格解釈」である。

はじめに

　本書のメインであり、JISQ 9001:2015 の規格解釈と留意点、さらに認証機関、審査員からみた運用のポイントについてまとめている。
　規格項番順に解説を進めており、構成としては、まず、枠囲みに要求事項を記し、それに対し「解釈と注意する点」を解説する。
　そして、「審査員が教える運用のポイント」についてまとめている。
　第三者認証の取得を目的とせず、この規格を利用して組織のマネジメントシステムを構築、あるいは改良、強化することを目的とする組織は本章を中心に読み解けばよいだろう。
　第4章では、「規格移行へ向けての準備」「効果的な内部監査や教育訓練のあり方」「統合マネジメントシステムの構築ポイント」「ISO9001 が求めるリスクの決定と対応」を取りまとめた。
　実際に、この規格を組織内で運用するに当たって、管理責任者や事務局などの直接的当事者が聞いてみたい内容、直面する課題などを、認証機関として得た情報や知識をもとに、組織のQMSがより有効的なものとなるようなヒントを盛り込んだ。
　最後になるが、本書の活用が、認証取得や規格移行に貢献するだけでなく、組織のマネジメントシステムが有効に機能し、品質パフォーマンスの向上、強化につながることが、筆者一同の望みである。

【凡例】
本書の第3章における枠囲みは、原則、JISQ9001：2015の文章をそのまま記載する（JISQ9001：2015規格は、2015年に第5版として発行されたISO9001を基に、技術的内容及び構成を変更することなく作成された日本工業規格）。

第1章
QMS認証を取り巻く環境 7

1. 社会の変化により規格は見直される 8
2. QMS構築による戦略的経営 10
3. 品質向上のために 12
4. 実際の審査の場面で大きな変化はない 13

第2章
ISO9001：2015 変更内容の概要 15

1. 共通MSSの適用 16
2. MSS共通テキストの特徴 17
3. ISO9001：2015の特徴 19

第3章
JISQ9001：2015 要求事項と規格解釈 25

1. 適用範囲 26
2. 引用規格 29
3. 用語及び定義 30
4. 組織の状況 33
5. リーダーシップ 44
6. 計画 51
7. 支援 60
8. 運用 75
9. パフォーマンス評価 109
10. 改善 120

第4章

ISO9001：2015 を活用した
品質マネジメントシステムの運用　127

1　規格移行へ向けての準備　128
2　効果的な内部監査のあり方　134
3　効果的な教育・訓練のあり方　157
4　ISO9001 が求めるリスクの決定と対応　162

第1章

QMS認証を取り巻く環境

① 社会の変化により規格は見直される

　1987年にISO（国際標準化機構）が、"マネジメントシステム"を対象にした初めての国際規格、ISO9001を制定した。この品質マネジメントシステム（QMS）規格が世界共通のルールとなることにより、企業はグローバル市場において、品質の安定した製品の提供が可能となり、一方、顧客は世界中から品質の安定した製品の供給を受けることが容易となった。

　自社のマネジメントの信頼性を担保し、ビジネスを有利に展開したいとの目的から、QMSを構築・運用し、第三者機関の審査を受けて適合性評価を受けたいとのニーズが高まってきた。これが第三者審査登録制度の普及の背景にある。この制度は、1992年に市場統合を控え、EU域内の貿易障害を除くことに躍起になっていたEUにおいて、統合を支える共通基盤として大いに活用されてきた。

　このようなニーズから活用されてきたISO9001は、ISO規格のルールに基づき定期的に見直されてきた。品質システムの1994年版から、品質マネジメントシステムに生まれ変わった2000年版へと改訂され、2008年版でマイナーチェンジをしてきている。今回、2015年版への改訂は、形の上では大きく変化し、10の箇条で構成される改訂となっている。

　規格改訂の理由については、以下のように報告されている。

　企業が直面する課題は多岐にわたり、規格が作られた1987年頃とは、グローバル化やIT環境の進化など異なる環境となってきている。

　ISO9001の運用も20年以上経過し、ISO認証への社会の認識も一般化し

〈図表1-1　日本のISO9001の認証登録数の変遷〉

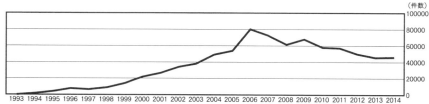

ており、認証取得企業への期待も変わってきている。

　また、「世界は変化している」ということをベースに、以下の項目が挙げられている。

－サービス業の台頭

－グローバル化

－サプライチェーンの複雑化

－利害関係者の期待の増加

－情報の利用可能性

　ISO9001は、もともと製品の品質保証のためのシステムであり、サービス業にはなじみにくかった面がある。2000年版への改訂で、経営品質も意識したマネジメントシステム規格へと変わり、サービス業にも認証の裾野は広がったが、やはり規格要求事項の意図するところが、形の見えないサービス業には、あてはめにくい状況があった。しかし、現在では、サービス業への適用事例も数多くなり、また、経営者の期待、利害関係者のニーズも高まっている。そのような観点から、何とかサービス業にもわかりやすく適用しやすい規格にしようと改訂案が検討されてきた。最終的には、製造業にも使いやすいようにとの両面性を持たせた関係で、それほどサービス業にマッチした表現ではないが、検討が尽くされた結果と受けとめたい。

2 QMS構築による戦略的経営

　企業の課題は様々であるが、一般社団法人日本能率協会（JMA）が毎年実施している「経営課題調査」における2013年度調査結果の上位10項目を例として示す。

〈図表1-2　経営課題調査〉

第1位	収益性向上
第2位	売上げ・シェア拡大
第3位	人材の強化
第4位	新製品・新サービス・新事業開発
第5位	財務体質の強化
第5位	現場力の強化
第7位	品質向上
第8位	高コスト体質の改善
第9位	顧客満足度の向上
第10位	技術力・研究開発力の強化

　図表1-2に示す通り、企業の課題の第1位は、当然のことながら収益性の向上である。そのために売上・シェア拡大があり、支える人材の強化が続き、更に、新製品・新サービス・新事業開発が第4位と続いている。

　ISO9001の話に戻れば、収益性の向上という課題のためには、高コスト体質の改善が必要であり、また、新製品・新サービスにより顧客満足度の向上を図るなど、品質目標として掲げることが望ましい内容がそろっていると言える。

　つまり、企業の経営課題は、QMSで取り上げるべき課題のすべてを含んでおり、事業運営と一体化して初めて課題解決、目標の達成ができると考えられる。ISO9001の2015年版は、経営者の責任として、「マネジメントシステムと事業プロセスとの統合」「マネジメントシステムの方針、目標は組織の戦略的な方向性と両立させる」といった規格要求事項が明確に

なり、認証目的だけのために形だけの第三者認証を取得するといったことは、許容されなくなった。

　従って、マネジメントシステムの導入・維持を決めたならば、事業と一体運営することの重要性は経営者の責任として誰もが認識することとなる。今後の、QMSの方向性は、組織の事業活動並びに戦略に基づき活用されるべきものである。

❸ 品質向上のために

　品質マネジメントシステムの目的は、顧客満足度の向上並びに継続的改善である。もちろんベースとなるのは、製品及びサービスの品質保証である。品質保証の観点で言えば、顧客クレームや製品回収につながるミス・事故は企業にとっては重要課題であり、起こしたくない、起こしてはならない事象である。クレームや回収などに起因して、企業の信頼は低下する。一時的に低下するだけならまだよいが、起きた事象によっては、企業の存続が危ぶまれ致命的なリスクとなることもある。

　例えば、化粧品製造メーカーの方に伺った話だが、企業のリスクとは、企業としての『評判・ブランド価値』であり、これは、上がることも下がることもあり、不確かなものである。ブランド価値を下げないためには、『回収』という事態は絶対に起こしたくなく、起きた場合には、企業ダメージを最小限に抑えるべくうまく乗り切る必要がある。回収には、行政に届け出て市場回収する、流通段階で回収する、お客様と良品交換等々、エネルギーと費用、労力など多大なコストが発生し、かつ信頼の低下となり重篤なリスクとなる。そのために異物混入、容器不具合、表示不具合などを起こさないように運用管理するというマネジメントが必要となる。従って、リスクに対応して取り組む管理内容は、図表1-3の通りとなる。

〈図表1-3　取り組む管理内容〉

回収という事態にならないため取り組むべき管理項目の例
・異物混入（金属、虫及び毛髪、他の異物）が無いこと
・容器不具合（内容物の漏れ、キャップ等の破損）がないこと
・表示不具合（不鮮明な印刷、表示の擦れ、ロット番号なし等）がないこと

　つまり、企業のリスクのために何を管理するか、ということは、どの企業でも行われていることである。リスクに対応した管理が既に実行されている企業にとって、2015年版への対応は、大きな変化とは捉えられないだろう。

❹ 実際の審査の場面で大きな変化はない

　第三者認証機関の審査では、①内外の課題の把握、②利害関係者のニーズの理解、③それに基づく適用範囲の決定と④それらを考慮したリスクはどのようなもので、⑤そのために何をしている、というのは、トップインタビューの場面でリーダー審査員が聞く定番となっている。これが、「事業との統合」という大目的のために、今回の規格改訂のタイミングで要求事項として現れてきたといえる。

　これまでのマネジメントシステムの導入は、経営者が経営品質の向上や、顧客の購買要求に対応するものとして「認証」という称号を資格の一つとして取得するような形での導入が多かった。しかしながら、今回の規格改訂は、事業プロセスとかい（乖）離しないように統合することが経営者の責任となっており、「認証」という資格を持つというより、経営に必要な「骨」や「筋肉」の部分にあたる「考え方」を強化するものと考えることができる。自分を知り、利害関係者のニーズを知り、リスクを考慮して対応策をとるという中に、これまで以上に「自ら判断する力」が求められている。

　従来からマネジメントシステムを導入している組織にとっては、組織の状況の理解として現在の取組みの見直しの機会となるだろうし、これから導入する組織にとっても企業目的に対する活動を見直す良いツールとなると思われる。ISO規格そのものの"力"で組織のパフォーマンスに変化が与えられるようであれば、認証登録の必要性は組織の利害関係者からますます重要視されるだろう。

　そのためには、規格は何を要求しているのかを正しく把握する必要があり、今の仕組みのままで良いか、変更・強化するところはあるだろうかと分析する契機となる。実際の審査の場面は、大きく変わらないと考えるが、組織の中では、どのように2015年版を適用するかは議論となるところだろう。第2章に2015年版規格の概要を示す。

第2章

ISO9001：2015 変更内容の概要

❶ 共通MSSの適用

　ISO9001（品質マネジメントシステム）、ISO14001（環境マネジメントシステム）をはじめとして、マネジメントシステムに関するISO規格が数多く開発されている。これらは総称してMSS（Management System Standard：マネジメントシステム規格）と呼ばれる。これらのMSSに関して、産業界からは整合性を高める要望が強く出されてきた。

　MSS共通テキストとは、MSSに共通する要求事項であり、2012年5月ISO（国際標準化機構）より発行された「ISO/IEC専門業務用指針　第1部　統合版ISO補足指針 – ISO専用手順」の「附属書SL（Annex SL）」に含まれている。また、2012年2月のISO/TMB会議において、「今後制定/改正される全てのISOマネジメントシステム規格（MSS）は、原則としてMSS共通テキストに従うこと。」が決議されている。

　今回、改訂されたISO9001（品質マネジメントシステム）、ISO14001（環境マネジメントシステム）などのMSSは、MSS共通テキストをベースに、各MS独自の要求事項を付加する形で開発された。MSS共通テキストの構成は下記のとおりである。

```
序文                                    7    支援
1    適用範囲                           7.1  資源
2    引用規格                           7.2  力量
3    用語及び定義                       7.3  認識
4    組織の状況                         7.4  コミュニケーション
4.1  組織及びその状況の理解             7.5  文書化された情報
4.2  利害関係者のニーズ及び期待の理解   7.5.1  一般
4.3  XXXマネジメントシステムの適用     7.5.2  作成及び更新
     範囲の決定                        7.5.3  文書化された情報の管理
4.4  XXXマネジメントシステム           8    運用
5    リーダシップ                      8.1  運用の計画及び管理
5.1  リーダシップ及びコミットメント    9    パフォーマンス評価
5.2  方針                              9.1  監視、測定、分析及び評価
5.3  組織の役割、責任及び権限          9.2  内部監査
6    計画                              9.3  マネジメントレビュー
6.1  リスク及び機会への取り組み        10   改善
6.2  XXX目的及びそれを達成するための   10.1  不適合及び是正処置
     計画策定                          10.2  継続的改善
```

❷ MSS共通テキストの特徴

（1）PDCAサイクルの明確化

　MSS共通テキストは、図表2-1に示すようにPDCAサイクルが明確になっている。品質マネジメントシステム（QMS）や環境マネジメントシステム（EMS）など複数のマネジメントシステムを統合して運用している組織は、今後増加することが予想される。統合マネジメントシステムを効率的に運用するには、各マネジメントシステムのPDCAサイクルを同期化することが効果的である。今後、制定/改訂されるMSSは全て同一の構造をもつため、マネジメントシステムの統合は進めやすくなると言えよう。

〈図表2-1　MSS共通テキストの構造〉

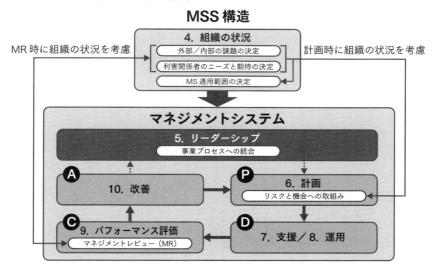

（2）MS要求事項を組織の事業プロセスへ統合

　MSS共通テキストでは、「4．組織の状況」において、XXXマネジメントシステムの意図した成果を達成する能力に影響を与える「課題」を決定することが求められている。また、XXXマネジメントシステムに関連する利害関係者及びその要求事項を決定することも求められており、これら

の課題及び要求事項を考慮した「マネジメントシステムの計画」を策定することが求められている。

これは、事業運営で生じている課題や、利害関係者からの要求事項に対応するというMSS本来の目的を反映したものと言える。まさに「現実の経営に役立つ」という点が強調された結果とも言えよう。

「事業運営上の課題や利害関係者の要求事項」は、固定化されたものではなく変化することが想定される。これらの課題や要求事項はMS構築時に決定されるが、その後はマネジメントレビューなどで見直し、それをマネジメントシステムに反映することが求められている。マネジメントシステムは継続的な運用により、ともすれば形骸化が懸念されるが、このように変化する要素を取りこむことによって形骸化防止が期待できる。

(3) リスクに基づく考え方の導入

MSS共通テキストでは、「6.1リスク及び機会への取組み」において、リスクに基づく考え方（Risk Based Thinking）が導入されている。「リスク」とは、「不確かさの影響」と定義されており、注記に「影響とは、期待されていることから、好ましい方向又は好ましくない方向に乖離することをいう。」とされている。

現実の事業運営は様々な「不確かさ」の要素に囲まれている。例えば為替変動という「不確かさ」があるが、組織にとっては「好ましい方向」に影響する場合と「好ましくない方向」に影響する場合が想定される。

多くのMSSでは、「不確かさ」への対応として「予防処置」があったが、うまく運用されていない側面があった。MSS共通テキストでは、「リスク及び機会」をマネジメントシステムの構築・見直し時に取り込むことによって、「不確かさ」への対応を強化することを目指していると言えよう。

❸ ISO9001：2015の特徴

（1）規格の構造について

ISO9001：2015の規格には、図表2-2のような構造が示されている。大きく見ればこれまで同様に、①顧客要求事項に基づきマネジメントを回し、②製品サービスを提供する中で、③顧客満足の向上を目指すという構造は変わらない。その品質マネジメントシステムの構造を考える上で、組織の状況として内外の課題を認識すること、並びに顧客のニーズや期待（法令順守を含む）を考慮してマネジメントシステムを計画（P）し、運用（D）して、パフォーマンス評価（C）により、改善活動（A）を推進するPDCAを回すことがシステムの構造となっている。

〈図表2-2　QMSの構造（JISQ9001：2015より引用）〉

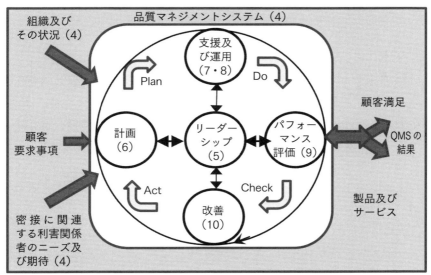

（2）ISO9001：2015における「リスクに基づく考え方」について

ISO9001：2015では、「リスクに基づく考え方」が導入されていると説明しているが、リスクアセスメント手法の導入を規格が求めているわけで

はない。もちろん、企業活動として、品質課題をリスクアセスメント手法を用いて洗い出し、管理策を選定してリスク管理していくという方法を選ぶことは自由である。

　QMSにおける「リスクに基づく考え方」は、組織の内部・外部の課題や、利害関係者のニーズを考慮し、適用範囲を決めて実行していく中で、マネジメントシステムの計画を立てる際に取り組むべきリスクを決定し、リスクに取り組む方法を決め、事業と一体化した中で管理していくということである。つまり、このマネジメントシステムの意図した結果を達成するために望ましい状況を増大させる、あるいは、望ましくない状況を低減するために障害となる"起きて欲しくないこと"を想定し、それらを保持、低減、回避、除去するなどの選択肢を検討し、管理していくこととなる。管理の方法は、品質目標の中で管理する方法もあるし、教育訓練で達成する、あるいは、監視項目として管理していく、運用手順で未然に防ぐなど取組みの方法は多岐にわたる。まさに事業と一体化した中で取り組まれるものとなっている。

（３）品質マネジメントシステムのパフォーマンス評価
　MSS共通テキストの導入によって、ISOのマネジメントシステム規格は次のように、より『目的達成型』の規格となった。
①組織自らがシステム導入の課題や利害関係者のニーズを明確にし、
②マネジメントシステムの目的を明らかにする
③目的を実現するにあたってのリスクを捉えた上で、
④目的を実現する、リスクの顕在化の未然防止をはかるシステムを確立する

　これらの『目的』を実現しているかどうかについて、MSSでは『パフォーマンス評価』という項番が設定されている。単にルールをつくって（plan）運用（do）していればよい、ということではなく、その結果として『パフォーマンス』が向上しているかを明確な指標に基づいて確認（check）し、思うような成果があがっていなければシステム改善（act）に取り組む、といったマネジメントシステムのPDCAが機能しているかが重要な視点となった。

ぜひ、このISO9001：2015を活用して、事業活動を活性化していただきたい。

〈新旧規格の対照表〉

2015年版	2008年版
4　組織の状況	
4.1　組織及びその状況の理解	
4.2　利害関係者のニーズ及び期待の理解	
4.3　品質マネジメントシステムの適用範囲の決定	1.2　適用 4.2.2　品質マニュアル
4.4　品質マネジメントシステム及びそのプロセス	4　品質マネジメントシステム 4.1　一般要求事項
5　リーダーシップ	5　経営者の責任
5.1　リーダーシップ及びコミットメント	5.1　経営者のコミットメント
5.1.1　一般	5.1　経営者のコミットメント
5.1.2　顧客重視	5.2　顧客重視
5.2　方針	5.3　品質方針
5.3　組織の役割、責任及び権限	5.5.1　責任及び権限 5.5.2　管理責任者
6　計画	5.4.2　品質マネジメントシステムの計画
6.1　リスク及び機会への取組み	
6.2　品質目標及びそれを達成するための計画策定	5.4.1　品質目標
6.3　変更の計画	5.4.2　品質マネジメントシステムの計画
7　支援	6　資源の運用管理
7.1　資源	6　資源の運用管理
7.1.1　一般	6.1　資源の提供
7.1.2　人々	6.1　資源の提供
7.1.3　インフラストラクチャ	6.3　インフラストラクチャー
7.1.4　プロセスの運用に関する環境	6.4　作業環境
7.1.5　監視及び測定のための資源	7.6　監視機器及び測定機器の管理
7.1.6　組織の知識	
7.2　力量	6.2.1　一般 6.2.2　力量、教育・訓練及び認識
7.3　認識	6.2.2　力量、教育・訓練及び認識
7.4　コミュニケーション	5.5.3　内部コミュニケーション
7.5　文書化した情報	4.2　文書化に関する要求事項
7.5.1　一般	4.2.1　一般

2015年版	2008年版
7.5.2　作成及び更新	4.2.3　文書管理 4.2.4　記録の管理
7.5.3　文書化した情報の管理	4.2.3　文書管理 4.2.4　記録の管理
8　運用	7　製品実現
8.1　運用の計画及び管理	7.1　製品実現の計画
8.2　製品及びサービスに関する要求事項	7.2　顧客関連のプロセス
8.2.1　顧客とのコミュニケーション	7.2.3　顧客とのコミュニケーション
8.2.2　製品及びサービスに関する要求事項の明確化	7.2.1　製品に関連する要求事項の明確化
8.2.3　製品及びサービスに関する要求事項のレビュー	7.2.2　製品に関連する要求事項のレビュー
8.2.4　製品及びサービスに関する要求事項の変更	7.2.2　製品に関連する要求事項のレビュー
8.3　製品及びサービスの設計・開発	7.3　設計・開発
8.3.1　一般	
8.3.2　設計・開発の計画	7.3.1　設計・開発の計画
8.3.3　設計・開発へのインプット	7.3.2　設計・開発へのインプット
8.3.4　設計・開発の管理	7.3.4　設計・開発のレビュー 7.3.5　設計・開発の検証 7.3.6　設計・開発の妥当性確認
8.3.5　設計・開発からのアウトプット	7.3.3　設計・開発からのアウトプット
8.3.6　設計・開発の変更	7.3.7　設計・開発の変更管理
8.4　外部から提供されるプロセス、製品及びサービスの管理	7.4.1　購買プロセス
8.4.1　一般	7.4.1　購買プロセス
8.4.2　管理の方式及び程度	7.4.1　購買プロセス 7.4.3　購買製品の検証
8.4.3　外部提供者に対する情報	7.4.2　購買情報
8.5　製造及びサービス提供	7.5　製造及びサービス提供
8.5.1　製造及びサービス提供の管理	7.5.1　製造及びサービス提供の管理 7.5.2　製品及びサービス提供に関するプロセスの妥当性確認
8.5.2　識別及びトレーサビリティ	7.5.3　識別及びトレーサビリティ
8.5.3　顧客又は外部提供者の所有物	7.5.4　顧客の所有物

2015年版	2008年版
8.5.4　保存	7.5.5　製品の保存
8.5.5　引渡し後の活動	7.5.1　製造及びサービス提供の管理
8.5.6　変更の管理	
8.6　製品及びサービスのリリース	8.2.4　製品の監視及び測定 7.4.3　購買製品の検証
8.7　不適合なアウトプットの管理	8.3　不適合製品の管理
9　パフォーマンス評価	
9.1　監視、測定、分析及び評価	8　測定、分析及び改善
9.1.1　一般	8.1　一般
9.1.2　顧客満足	8.2.1　顧客満足
9.1.3　分析及び評価	8.4　データの分析
9.2　内部監査	8.2.2　内部監査
9.3　マネジメントレビュー	5.6　マネジメントレビュー
10　改善	
10.1　一般	8.5.1　継続的改善
10.2　不適合及び是正処置	8.3　不適合製品の管理 8.5.2　是正処置 8.5.3　予防処置
10.3　継続的改善	8.5.1　継続的改善

第3章

JISQ9001：2015
要求事項と規格解釈

❶ 適用範囲

> **1．適用範囲**
> 　この規格は、次の場合の品質マネジメントシステムに関する要求事項について規定する。
> a）組織が、顧客要求事項及び適用される法令・規制要求事項を満たした製品及びサービスを一貫して提供する能力をもつことを実証する必要がある場合。
> b）組織が、品質マネジメントシステムの改善のプロセスを含むシステムの効果的な適用、並びに顧客要求事項及び適用される法令・規制要求事項への適合の保証を通して、顧客満足の向上を目指す場合。
> 　この規格の要求事項は、汎用性があり、業種・形態、規模、又は提供する製品及びサービスを問わず、あらゆる組織に適用できることを意図している。
> 注記1　この規格の"製品"又は"サービス"という用語は、顧客向けに意図した製品及びサービス、又は顧客に要求された製品及びサービスに限定して用いる。
> 注記2　法令・規制要求事項は、法的要求事項と表現することもある。

■解釈と注意する点

　①「適用範囲」という表現はQMS（品質マネジメントシステム）の運用において頻繁に使用される用語である。何種類かの製品を提供している組織がJISQ9001を適用していると表明する「適用範囲」などはその一例である。この箇条で規定されているものはJISQ9001の目的とする適用範囲であり、個別のQMSの適用範囲（4.3）を示すものではない。

　2008年版との違いは、適用除外に関する記述が「4.3　品質マネジメントシステムの適用範囲の決定」に移ったことである（詳細は、規格4.3の

解釈を参照)。このことにより、一部に見受けられた「JISQ9001の適用範囲」と、組織自らが決定する「QMSの適用範囲」の混同は解消されると考えられる。

〈図表1　マネジメントシステムとは?〉

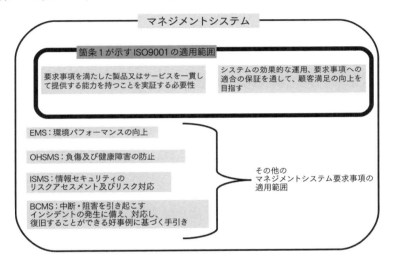

　②a)では組織の能力を対外的に実証する必要が生じた場合、そのことを実現するために必要な項目が要求事項となっていることが示されている。まず、要求事項に適合したシステム構築と運用の結果、組織自身が事業運営の適切さに確証を得ることができる。次に、能力を実証する相手が契約相手や市場全般となる場合、自己適合宣言では、規格要求事項への適合の実証を求められ、煩雑な手続きが生じるケースがある。このようなビジネス形態の場合、障壁となる「実証」という手続きを第三者認証登録を活用し、取引や貿易を円滑に行うことを目指すこととなる。

　b)では、規格要求事項に適合した状態にも進化や変化があることが示されている。目的もはっきりしないままQMSの運用を継続するようなことは、この規格が狙うところではない。例えば、システムの効率を箇条10の活用により改善することや、箇条9の運用を通じた適合への保証により顧客満足の向上を図ることは、取引実績の伸張や新規取引の拡充など、具

体的な成果として現れることが期待できる。

　③全ての要求事項は汎用性があり、あらゆる組織に適用できることを意図している。規格要求事項の構成が1987年版や1994年版にあった品質保証"モデル"を示していないことは、既に2000年版改訂時の序文に示されていたものであるが、再認識をしておきたいところである。

　一方、このことはシステム構築の自由度が高く、柔軟に対応できることを意味しているが、反面、他の組織で適用されたシステムをそのまま移植することには注意を要することを示している。規格5.1.1で示されている組織の事業プロセスとの統合を考慮する際にも念頭に置くべきである。

　注記1に示された、"製品"又は"サービス"という用語が、「顧客向けに意図した」、又は「顧客に要求された」製品及びサービスに限定して用いられるとの説明は、4.3　品質マネジメントシステムの適用範囲の決定において要求事項の適用可否の判断を行う際に、非常に重要である。例えば、8.3　製品及びサービスの設計・開発を適用できるか否かの判断は、組織が提供している製品及びサービスが「顧客向けに意図した」、「顧客に要求された」ものであるか否かと密接に関連するものである。

審査員が教える運用のポイント

　①能力を実証したい対象である「顧客」の具体的な想定、②製品及びサービスに関連する法的要求事項の動向を組織自身が常に問い続けることが運用のポイントである。提供する製品及びサービスの品質レベルは、この具体的な対象なくして適切な設定ができるものではない。また、①、②とも変化するものであるとの認識は、改善プロセスが機能するポイントである。2015年版では、全体の流れが、組織自身の置かれた状況を常に見直す構造となっている点も意識して、運用することがポイントである。

　規格の目的そのものの文言はa）、b）とも、2008年版と比べて内容の変化はない。しかし、これまでの規格が有効な成果を生み出していないという批判を今回の改訂は強く意識したものとなっている。そのことを念頭に、各組織がQMSの適用範囲を見直すことは重要である。

2 引用規格

2．引用規格
次に掲げる規格は、この規格に引用されることによって、この規格の規定の一部を構成する。この引用規格は、記載の年の版を適用し、その後の改正版（追補を含む。）は適用しない。
JISQ9000:2015　品質マネジメントシステム　—　基本及び用語

■解釈と注意する点
　JISQ9000：2015は、QMSの概要、QMSファミリーで用いられる用語及び定義等についてまとめた規格である。

審査員が教える運用のポイント
　JISQ9000：2015に記載されている用語及び定義は、次のように大別される。
・基本概念に関する用語
・品質マネジメントの原則に関する用語
・マネジメントシステムに関する用語
　QMSの理解を深めるための重要な規格であり、"品質用語"と"マネジメントシステム用語"の両方を正しく理解することが重要である。
　なお、引用規格にはないが、参考となりうる規格は以下のとおりである。
◇ISO 31000：2009　リスクマネジメント—原則及び指針

　特に、JISQ9001：2015　箇条6で要求されている「リスク及び機会への取組み」を理解する際やリスクアセスメントに取り組む際にはISO 31000（リスクマネジメント—原則及び指針）が参考となる。

3 用語及び定義

> **3. 用語及び定義**
> この規格で用いる主な用語及び定義は、JIS Q9000:2015による。

■解釈と注意する点

以下に、この規格を読むに当たって必要かつ重要な定義を抜粋した。

3.2 組織に関する用語

【3.2.2 組織の状況 (context of the organization)】

組織 (3.2.1) がその目標 (3.7.1) 設定及び達成に向けて取るアプローチに影響を及ぼし得る、内部及び外部の課題の組合せ。

【3.2.3 利害関係者 (interested party)、ステークホルダー (stakeholder)】

ある決定事項若しくは活動に影響を与え得るか、その影響を受け得るか、又はその影響を受けると認識している、個人又は組織 (3.2.1)。

例　顧客 (3.2.4)、所有者、組織内の人々、提供者 (3.2.5)、銀行家、規制当局、組合、パートナ、社会（競争相手又は対立する圧力団体を含むこともある。）

3.4 プロセスに関する用語

【3.4.8 設計・開発 (design and development)】

対象 (3.6.1) に対する要求事項 (3.6.4) を、その対象に対するより詳細な要求事項に変換する一連のプロセス (3.4.1)。

> 注記1　設計・開発へのインプットとなる要求事項は、調査・研究の結果であることが多く、また、設計・開発からのアウトプット (3.7.5) となる要求事項よりも広範で、一般的な意味で表現されることがある。要求事項は、通常、特性 (3.10.1) を用いて定義される。プロジェクト (3.4.2) には、複数の設計・開発

段階が存在することがある。
　注記2　"設計"、"開発"及び"設計・開発"という言葉は、あるときは同じ意味で使われ、あるときには設計・開発全体の異なる段階を定義するために使われる。
　注記3　設計・開発されるものの性格を示すために、修飾語が用いられることがある［例　製品（3.7.6）の設計・開発、サービス（3.7.7）の設計・開発又はプロセスの設計・開発］。

3.7　結果に関する用語

【3.7.9　リスク（risk）】
　不確かさの影響。
　注記1　影響とは、期待されていることから、好ましい方向又は好ましくない方向にかい（乖）離することをいう。
　注記2　不確かさとは、事象、その結果又はその起こりやすさに関する、情報（3.8.2）、理解又は知識に、たとえ部分的にでも不備がある状態をいう。
　注記3　リスクは、起こり得る事象（JIS Q 0073：2010の3.5.1.3の定義を参照）及び結果（JIS Q 0073：2010の3.6.1.3の定義を参照）、又はこれらの組合せについて述べることによって、その特徴を示すことが多い。
　注記4　リスクは、ある事象（その周辺状況の変化を含む。）の結果とその発生の起こりやすさ（JIS Q 0073：2010の3.6.1.1の定義を参照）との組合せとして表現されることが多い。
　注記5　"リスク"という言葉は、好ましくない結果にしかならない可能性の場合に使われることがある。
　注記6　この用語及び定義は、ISO/IEC専門業務用指針第1部・統合版ISO補足指針の附属書 SLに示されたISOマネジメントシステム規格の共通用語及び中核となる定義の一つを成す。元の定義にない注記5を追加した。

> **審査員が教える運用のポイント**

　JIS Q9000：2015は箇条3「用語及び定義」だけでなく、箇条2「基本概念及び品質マネジメントの原則」が含まれており、JISQ9001：2015の「要求事項」を自組織に合った解釈をする上で必読の規格である。また、巻末の索引は箇条3「用語及び定義」を辞書のように検索して使用する際に非常に便利なものである。定義されていない用語は組織自身の解釈が尊重されるが、規格で定義されているものが字義通りの解釈となる知識があることは、審査における無用な解釈論争を避けるためにも重要である。

第 3 章　JISQ9001：2015 要求事項と規格解釈

4 組織の状況

4.1 組織及びその状況の理解　新規

　組織は、組織の目的及び戦略的な方向性に関連し、かつ、その品質マネジメントシステムの意図した結果を達成する組織の能力に影響を与える、外部及び内部の課題を明確にしなければならない。

　組織は、これらの外部及び内部の課題に関する情報を監視し、レビューしなければならない。

注記1　課題には、検討の対象となる、好ましい要因又は状態、及び好ましくない要因又は状態が含まれ得る。

注記2　外部の状況の理解は、国際、国内、地方又は地域を問わず、法令、技術、競争、市場、文化、社会及び経済の環境から生じる課題を検討することによって容易になり得る。

注記3　内部の状況の理解は、組織の価値観、文化、知識及びパフォーマンスに関する課題を検討することによって容易になり得る。

■解釈と注意する点

　①箇条4では、課題などを解決するために、組織の中でQMSを運用するための組織の枠組みを決めて、構築せよということが求められている。ここで決めたQMSの枠組みの中でPDCAをまわすことによって、この規格の「意図した結果（intended results）」を達成しようとするものである。QMSの「意図した結果」とは、箇条1の適用範囲に記述されているように、a）顧客要求事項及び法令・規制要求事項を満たした製品及びサービスを一貫して提供する、とb）顧客満足の向上の2項目である。

　②箇条4は、4.1から4.4で構成され、要約すれば、4.1で"己を知り"、4.2で"相手を知り"、4.3で組織の中でQMSの"対象となる範囲"を決め、4.4で、その範囲の中でQMSを"構築する"という流れとなっている。

　規格4.1では、組織の長期的な方向性を考慮し、a）顧客要求事項及び

法令・規制要求事項を満たした製品及びサービスを一貫して提供し、b）顧客満足の向上を達成しようとする場合に、組織に何らかの影響を与える「課題（issues）」を明確にすることが求められている。規格にある「組織の目的（purpose）」とは、組織が社会に存在する意義であり、多くの場合、理念や使命とよばれている。また「戦略的な方向性」とは、「組織の目的」を達成するための長期的な道筋のことである。

「課題」とは、内部及び外部に関する課題であり、組織として取組み、QMSを通じて解決すべき事項ととらえるとわかりやすい。「課題」は、内部的に解決すべき事項もあれば、外部の状況の変化等が組織に影響を及ぼし、その結果組織として解決すべき「課題」になる事項もある。

注記1　では、「課題」は"好ましい課題"と"好ましくない課題"の2種類あると定義している。不適合事象（好ましくない課題）は解決しようとするし、高く評価する事項（好ましい課題）は、さらに向上を目指し取り組もうとする。これは箇条6に出てくる「リスク（好ましくない）と機会（好ましい）」に対比していると考えられる。

この「課題」は、マネジメントレビューや、経営会議、○○委員会等で議論され明確にされる。その結果は、マネジメントレビュー記録、経営計画や、決算報告書等に記述される場合もある。また専門団体の調査結果を参考にする例もあるだろう。明確にした「課題」に関わる情報については監視し、レビューすることによりその変化について把握し、最新化することも求められている。

審査員が教える運用のポイント

①JISQ9001規格は、この「課題」を明確にすることからスタートする。4.1で決定した、「課題」について、その情報は常に最新化し、箇条6で、「課題」に関する"リスクと機会"を考慮し、計画を策定し、その計画をまわすことにより、「課題」の解決へと向かうことが求められる。かつ、この「課題」の変化については箇条9.3でマネジメントレビューのインプット事項（規格9.3.2のｂ）項）となる。

②箇条4の要求事項の主語は、トップマネジメントではなく、組織であ

る。「課題」はトップマネジメントのみにより決めるものではなく、組織としてあらゆる方向・方面から明確にすることが求められている。

重要なことは、QMSにおける「課題」には、QMSのPDCAがうまくまわらなくなる可能性又は要因が何かないのか（例えば、資源の不足、教育の不足、周知徹底の不足など）についても議論することが必要である。PDCAがまわらなくなると、課題の最新化も不適合に対する適切な対応も、改善もストップしてしまう。

③「課題」については、文書化した情報として保持する（記録する）ことは要求されていないが、QMSは、課題を解決するためにあるということを考えると、組織全体に共通に認識されていることは必要である。

④「課題を明確にしなければならない。」の「明確にする」の原文は"determine"である。環境マネジメントシステム（EMS）規格においてもこの"determine"が使われているが、その日本語訳は、「決定する」となっている。同じ英語の原文に対し異なる日本語訳となっているが、QMSにおいても「決定する」という意味と考えたほうが理解しやすい。

なお、規格4.1は2008年版にはなかった新しい要求事項である。

4.2 利害関係者のニーズ及び期待の理解　新規

次の事項は、顧客要求事項及び適用される法令・規制要求事項を満たした製品及びサービスを一貫して提供する組織の能力に影響又は潜在的影響を与えるため、組織は、これらを明確にしなければならない。

a）品質マネジメントシステムに密接に関連する利害関係者
b）品質マネジメントシステムに密接に関連するそれらの利害関係者の要求事項

組織は、これらの利害関係者及びその関連する要求事項に関する情報を監視し、レビューしなければならない。

■解釈と注意する点

①規格4.2では、QMSの対象となる利害関係者は誰で、その利害関係者が組織のQMSに何を求めるかを、組織として明確にすることが求められる。

また、組織として明確にした利害関係者については、継続的にその情報を監視し、レビューすることが求められる。

②利害関係者とは、JISQ9000：2015の3.2.3によれば、「ある決定事項若しくは活動に影響を与え得るか、その影響を受け得るか、又はその影響を受けると認識している、個人又は組織」と定義され、その事例として、顧客、所有者、組織内の人々、提供者（provider）、銀行家、規制当局、組合、パートナ、社会（競争相手又は対立する圧力団体を含むこともある。）となっている。

③組織のQMSに関連する利害関係者のニーズ及び期待が満たされないことが、組織の「QMSの意図する結果」に影響を及ぼす可能性（リスク）があるとした場合には、その利害関係者はQMSの中で特定し、管理しなければならない。

まずa）項で、そのような利害関係者を特定し、b）項のQMSに関連する要求事項とは、組織の製品またはサービスに対する要求事項のことではなく（規格8.2.2）、利害関係者が組織に対するニーズ及び期待のことである。

④組織は、関連する利害関係者と彼らのニーズ及び期待の情報は、監視し、レビューし常に最新化しておくことが求められている。組織の内部及び外部の課題の変化によっては、組織のQMSに対する利害関係者や彼らのニーズや期待も変化しうる。

審査員が教える運用のポイント

①QMSの利害関係者に、顧客は当然外せないし、一次顧客だけでなく、エンドユーザーも利害関係者からは外すことはできない。その他にどこまでを定義するかは、もちろん組織によって異なる。その利害関係者のニーズと期待に応えなければ、組織のQMSの意図した結果の達成に大きな影響を及ぼす事態になる可能性があると判断すれば、組織のQMSの利害関係者とすべきである。

②組織のQMSの利害関係者と、一旦、定義すれば、定義しただけではなく、恒常的に彼らのニーズと期待の把握は継続しなければならない。な

ぜなら、利害関係者のニーズ及び期待の変化の情報は規格9.3.2 c）1）項としてマネジメントレビューのインプット事項となっている。

③この要求事項の主語は、組織であり、トップマネジメントではない。利害関係者及び彼らのニーズ及び期待は、トップマネジメントのみにより決めるものでなく、組織としてあらゆる方向・方面から検討し、明確にすることが求められている。

④利害関係者及び彼らのニーズ及び期待については、文書化した情報として保持する（記録する）ことは、規格では要求されていないが、QMSで、利害関係者のニーズ及び期待に応えるということを考えると、組織全体に共通に認識されていることは必要である。

⑤「明確にしなければならない」の「明確にする」の原文は"determine"である。環境マネジメントシステム（EMS）規格においてもこの"determine"が使われているが、その日本語訳は「決定する」となっている。同じ英語の原文に対し異なる日本語訳となっているが、QMSにおいても「決定する」という意味と考えたほうが理解しやすい。

また、「密接に関連する利害関係者」の「密接に関連する」の原文は"relevant"であるが、環境マネジメントシステム（EMS）では、原文の"relevant"の翻訳は単に、「関連する」となっている。日本語の翻訳に差はあるが、意味には差はないと考えられる。

なお、規格4.2は2008年版にはなかった新しい要求事項である。

4.3　品質マネジメントシステムの適用範囲の決定　強化

組織は、品質マネジメントシステムの適用範囲を定めるために、その境界及び適用可能性を決定しなければならない。

この適用範囲を決定するとき、組織は、次の事項を考慮しなければならない。
a）4.1に規定する外部及び内部の課題
b）4.2に規定する、密接に関連する利害関係者の要求事項
c）組織の製品及びサービス

決定した品質マネジメントシステムの適用範囲内でこの規格の要求

事項が適用可能ならば、組織は、これらを全て適用しなければならない。

　組織の品質マネジメントシステムの適用範囲は、文書化した情報として利用可能な状態にし、維持しなければならない。適用範囲では、対象となる製品及びサービスの種類を明確に記載し、組織が自らの品質マネジメントシステムの適用範囲への適用が不可能であることを決定したこの規格の要求事項全てについて、その正当性を示さなければならない。

　適用不可能なことを決定した要求事項が、組織の製品及びサービスの適合並びに顧客満足の向上を確実にする組織の能力又は責任に影響を及ぼさない場合に限り、この規格への適合を表明してよい。

■解釈と注意する点

①規格4.3では、QMSの枠、すなわち適用範囲（Scope）を決定することが求められる。QMSの適用範囲とは、規格4.1と4.2と組織の「製品及びサービス」を考慮し、つまり組織として解決すべき課題（a項）と、外部の期待等（b項）と組織の取り扱う製品及びサービス（c項）を考えて、QMSの適用範囲として、"製品及びサービス"、"それに関連する組織的範囲"及び"地理的な所在地"を決定することが要求される。組織の製品及びサービスのうち、どれを対象とするのか、製品及びサービスのすべてなのか、ある部分なのかを決定し、対象となる製品及びサービスの活動に関係する組織的範囲（部門と要員）並びに事務所ビルや工場、研究所、営業所などの地理的サイトを決定することになる。

②適用範囲を定めるときには、規格4.1で明確にした外部及び内部の課題及び規格4.2で明確にした利害関係者の要求事項（ニーズ及び期待）を考慮することが求められる。すなわち、組織としての課題解決及び利害関係者のニーズ及び期待に対応することが、QMSの目的となる。課題解決及び期待に応えるためにQMSがあるとも言える。

③対象となる製品とサービスが全体でなく、ある部分に限定されている場合は、その対象となる部門やサイトが明確に切り分けられるかどうかが重要である。例えば、当社は製品Aと製品Bを製造しているが、製品Aを

〈図表4.3①　適用範囲とは〉

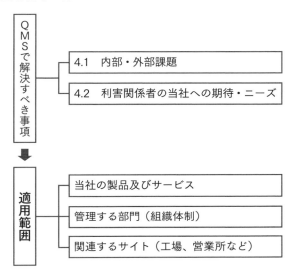

製造している埼玉工場をQMSの対象とするが、製品Aは千葉工場でも製造している場合や、顧客とのコミュニケーションの役割は営業部・営業所サイトにあるものの、QMSの対象にはしないとしている場合、これらの適用可能性についても十分に考えなければならない。恣意的な適用範囲の決定は適切ではない。

　④組織が決定した適用範囲（製品及びサービス、組織体制及びその要員と地理的サイト）は文書化した情報としなければならない。その場合、その適用範囲で、規格のいずれかの要求事項が適用できない場合には、それを正当とする理由も文書化することが求められている。例えば、設計・開発の機能も部門があり業務も行っているにもかかわらず、恣意的にその部門・業務をQMSの適用範囲から除外することはできないということである。あくまで"要求事項を適用しないことが製品及びサービスの適合を確実にする組織の能力又は責任にいかなる影響も及ぼさない"ということが、適用が不可能であることの正当な理由となる。

〈図表4.3②　QMSの適用範囲の決定〉

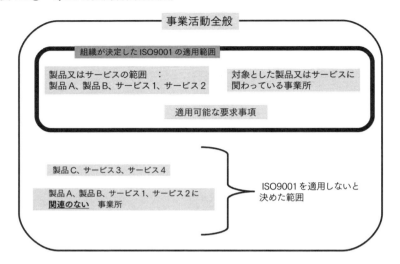

審査員が教える運用のポイント

　2008年版では、QMSの適用範囲の決定は要求事項ではなかったが、2015年版改訂により、要求事項となった。
　規格4.3の原文の"determine"は、「明確にする」ではなく、「決定する」と翻訳されている。

4.4　品質マネジメントシステム及びそのプロセス

4.4.1　　組織は、この規格の要求事項に従って、必要なプロセス及びそれらの相互作用を含む、品質マネジメントシステムを確立し、実施し、維持し、かつ、継続的に改善しなければならない。

　組織は、品質マネジメントシステムに必要なプロセス及びそれらの組織全体にわたる適用を決定しなければならない。また、次の事項を実施しなければならない。

a）これらのプロセスに必要なインプット、及びこれらのプロセスから期待されるアウトプットを明確にする。
b）これらのプロセスの順序及び相互関係を明確にする。
c）これらのプロセスの効果的な運用及び管理を確実にするために必

要な判断基準及び方法（監視，測定及び関連するパフォーマンス指標を含む。）を決定し，適用する。

d) これらのプロセスに必要な資源を明確にし，及びそれが利用できることを確実にする。

e) これらのプロセスに関する責任及び権限を割り当てる。

f) 6.1の要求事項に従って決定したとおりにリスク及び機会に取り組む。

g) これらのプロセスを評価し，これらのプロセスの意図した結果の達成を確実にするために必要な変更を実施する。

h) これらのプロセス及び品質マネジメントシステムを改善する。

4.4.2　組織は，必要な程度まで，次の事項を行わなければならない。

a) プロセスの運用を支援するための文書化した情報を維持する。

b) プロセスが計画どおりに実施されたと確信するための文書化した情報を保持する。

〈図表4.4　プロセスとは〉

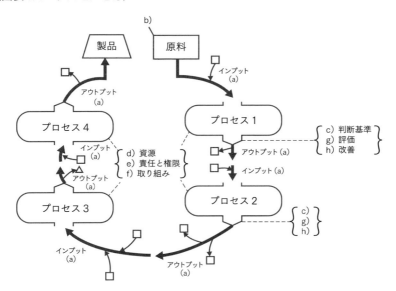

■**解釈と注意する点**

①規格4.1から4.3を通じて明確にした課題等を解決するためのQMSを、具体的に、規格の要求事項に従って構築し、運用し、改善していくということが求められている。

②規格の序文には、「この規格は、PDCAサイクル及びリスクに基づく考え方を組み込んだ、プロセスアプローチを用いている」との記述がある。プロセスとは、JISQ9000：2015の3.4.1で、「インプットを使用して意図した結果を生み出す、相互に関連する又は相互に作用する一連の活動」と定義されている。QMSにおいては、目標管理、教育訓練、製品／サービスの提供、内部監査、顧客満足評価などのプロセスがあり、それぞれのプロセスとその相互作用によって構成されるマネジメントシステムを確立し、実施し、維持すること及び継続的に改善することが求められている。

まず、4.4.1のa）〜h）に従って、それぞれのプロセスを構築していくことになる。

③規格4.4.2においては、組織の判断において、a）項で、個々のプロセスの運用に必要な文書は何かを決めて、文書化すること、b）項で、プロセスの運用の結果、その結果は計画通りに実施されたどうかがわかる記録にはどのようなものがあるかを決めて、残すことが求められている。

審査員が教える運用のポイント

①組織の活動を分析し、プロセスを一単位として再構成し、QMSを構築することが求められている。プロセスの一単位をどの程度の活動単位にするかは、組織の判断によるが、ここで分析されたプロセス単位が、その後の構築されるQMSの運用やパフォーマンス評価及び改善の単位にもなる。

②個々のプロセスでは、何がインプットで、何がアウトプット（次のインプット）であるかを明確にしたり、プロセスの運用に必要な資源、責任と権限などを割り当てること等がa）項からh）項として明確に求められている。

a）項では、あるプロセスの活動へのインプットとアウトプットは何か、
b）項では、QMSはどのようなプロセスから構成されているか、

c）項では、そのプロセスの有効性を評価する方法とアウトプットが有効であると判断する基準、
d）項では、プロセスに必要な要員、設備などが十分か、
e）項では、プロセスの責任と権限、役割、責任者など、
f）項では、そのプロセスの懸念事項は何で、その解決に取り組んでいるか、
g）項では、アウトプットの有効性を評価しているか、
h）項では、改善しているか。

　③文書化した情報を「維持する」とは、プロセスを運用するための手順などを「文書化する」ことを意味している。文書化した情報を「保持する」とは、プロセスの運用の結果の「記録を残す」ことを意味している。

5 リーダーシップ

5.1 リーダーシップ及びコミットメント 強化
5.1.1 一般

トップマネジメントは、次に示す事項によって、品質マネジメントシステムに関するリーダーシップ及びコミットメントを実証しなければならない。

a) 品質マネジメントシステムの有効性に説明責任（accountability）を負う。
b) 品質マネジメントシステムに関する品質方針及び品質目標を確立し、それらが組織の状況及び戦略的な方向性と両立することを確実にする。
c) 組織の事業プロセスへの品質マネジメントシステム要求事項の統合を確実にする。
d) プロセスアプローチ及びリスクに基づく考え方の利用を促進する。
e) 品質マネジメントシステムに必要な資源が利用可能であることを確実にする。
f) 有効な品質マネジメント及び品質マネジメントシステム要求事項への適合の重要性を伝達する。
g) 品質マネジメントシステムがその意図した結果を達成することを確実にする。
h) 品質マネジメントシステムの有効性に寄与するよう人々を積極的に参加させ、指揮し、支援する。
i) 改善を促進する。
j) その他の関連する管理層がその責任の領域においてリーダーシップを実証するよう、管理層の役割を支援する。

注記 この規格で"事業"という場合、それは、組織が公的か私的か、営利か非営利かを問わず、組織の存在の目的の中核となる活動という広義の意味で解釈され得る。

■解釈と注意する点

　①箇条5の主語は、トップマネジメントである。

　トップマネジメントとは、JISQ9000：2015の3.1.1に、「最高位で組織を指揮し、管理する個人又はグループ」であると定義されている。さらに注記では、「マネジメントシステムの適用範囲が組織の一部だけの場合、トップマネジメントとは、組織内のその一部を指揮し、管理する人をいう。」となっている。QMSの適用範囲が、組織の一部だけの場合でも、組織とQMSの両立や統合が求められる。QMSの目指す方向と、組織の目指す方向が同じ方向であることが重要である。

　②規格5.1.1では、トップマネジメント自らの役割として、a）項からj）項の10項目が実行されるように、QMSを構築させ、運用させ、維持されるようにしなければならない。

a）項は、QMSがうまく機能しているかどうかはトップマネジメントの責任であるということ。

b）項は、QMSの目指す方向が、組織の目指す方向であることに責任があること。

c）項は、QMSの活動内容と、組織の中核となる活動が一致していること。

d）項は、QMSには、プロセスアプローチとリスクに基づく考え方が含まれていること。

e）項は、必要な資源がQMSに組み込まれていること。

f）項は、QMSが有効に機能することと、要求事項へ適合することの重要性を伝えること。

g）項は、QMSを運用すれば、その意図した結果（要求事項に適合した製品及びサービスを提供することと、それにより顧客満足を向上することの2項目）が達成すること。

h）項は、関係する要員をQMSに参画させること。

i）項は、改善が進むこと。

j）項は、組織構造の中で、それぞれの管理層がその責任と権限が明確にされ、役割が発揮できるような体制を構築すること。

　つまり、上記項目が、QMSの中に、組み込まれ浸透すれば、有効に機

能する。従って、そうなるようにする責任はトップマネジメントにある。

> **審査員が教える運用のポイント**

　①2008年版では、「経営者の責任」というタイトルが「リーダーシップ」に変更となった。それぞれの管理者がそれぞれに必要な役割を果たせるように、つまり、個々に、個々の立場でリーダーシップが発揮できるような組織体制を構築する責任が、トップマネジメントにはある。

　リーダーシップは、JISQ9001：2015の序文「0.2品質マネジメントの原則」の一つであり、JISQ9000：2015の2.3.2にその説明がある。それによれば、「全ての階層のリーダーは、目的及び目指す方向を一致させ、人々が組織の品質目標の達成に積極的に参加している状況を作り出す」ということである。そのような状況を作り出す役割がトップマネジメントにある。

　②プロセスアプローチも、JISQ9001：2015の序文「0.2品質マネジメントの原則」の一つであり、「0.3プロセスアプローチ」の説明には、「この規格は、プロセスアプローチを採用することを促進する。プロセスアプローチの採用に不可欠と考えられる特定の要求事項を4.4に規定している」とある。規格4.4に従ってQMSを構築すると、必然的にプロセスアプローチが採用されることになる。

　③リスクに基づく考え方とは、JISQ9001：2015の「0.3プロセスアプローチ」の、「0.3.3リスクに基づく考え方」の記載では「起こりうる不適合を除去するための予防処置を実施する、発生したあらゆる不適合を分析する、及び不適合の影響に対して適切な、再発防止のための取組みを行うことを含めてこの規格の旧版に含まれていた。」とある。つまり、新しい考え方ではなく、元々2008年版の予防処置、不適合の分析さらには再発防止策として含まれていた考え方である。

5.1　リーダーシップ及びコミットメント
5.1.2　顧客重視
　トップマネジメントは、次の事項を確実にすることによって、顧客重視に関するリーダーシップ及びコミットメントを実証しなければな

らない。
a） 顧客要求事項及び適用される法令・規制要求事項を明確にし、理解し、一貫してそれを満たしている。
b） 製品及びサービスの適合並びに顧客満足を向上させる能力に影響を与え得る、リスク及び機会を決定し、取り組んでいる。
c） 顧客満足向上の重視が維持されている。

■解釈と注意する点

　顧客重視というタイトルの原文は、"Customer focus"である。QMSは顧客に焦点を合わせるという意味である、

　QMSの意図した成果の一つである、「顧客満足の向上」を達成するために、トップマネジメントは、顧客に焦点を合わせていることを実証しなければならない。実証する手段としてa）項からc）項がQMSの中で確実に行われているということに対する責任はトップマネジメントにある。

審査員が教える運用のポイント

　「トップマネジメントは○○を実証しなければならない」という要求事項の場合には、トップマネジメントとしての説明責任を求めている。従って、a）項の、顧客の要求事項や法令・規制要求事項に適合しているか、b）項の、顧客満足向上達成に対して組織の能力に何らかの懸念事項はないか、c）項の、顧客満足向上について継続的にQMSの中で重点が置かれているかについて、トップマネジメントがよく状況を把握し、必要な管理を行っている必要がある。

5.2　方針
5.2.1　品質方針の確立

　トップマネジメントは、次の事項を満たす品質方針を確立し、実施し、維持しなければならない。
a） 組織の目的及び状況に対して適切であり、組織の戦略的な方向性を支援する。

b) 品質目標の設定のための枠組みを与える。
c) 適用される要求事項を満たすことへのコミットメントを含む。
d) 品質マネジメントシステムの継続的改善へのコミットメントを含む。

5.2.2　品質方針の伝達

品質方針は、次に示す事項を満たさなければならない。
a) 文書化した情報として利用可能な状態にされ、維持される。
b) 組織内に伝達され、理解され、適用される。
c) 必要に応じて、密接に関連する利害関係者が入手可能である。

■解釈と注意する点

トップマネジメントの最も重要な役割として、品質方針を策定することがある。品質方針とは、JISQ9000：2015の3.5.9に定義があり、「品質に関する方針」とあり、方針もJISQ9000：2015の3.5.8に、「トップマネジメントによって正式に表明された組織の意図及び方向付け」とある。

つまり、品質方針とは、トップマネジメントにより正式に策定されたQMSの意図及び方向づけである。品質方針の内容には、a）項からd）項の4項目が含まれていることが求められている。

a) 項は、組織の活動と整合性のある品質方針の内容であること（規格5.1.1のb）項とc）項を参照）、
b) 項は、品質目標設定の概要があり、組織内でどのように品質目標が設定されるかがわかる内容であること、
c) 項は、要求事項を満足するというコミットメントがあること、
d) 項は、継続的改善へのコミットメントがあること

が求められている。それらの総合として、品質方針は、組織固有で組織の特長が表現されている内容となることが望ましい。

策定された品質方針は、文書化した情報として維持し、組織内に伝達されること、さらに必要に応じて利害関係者が品質方針を入手できることが求められている。

> **審査員が教える運用のポイント**

　品質方針の内容については、a）項からd）項の内容を組み込むことは前提となるが、組織のQMSの顔でもあり、組織内に留まらず、利害関係者も入手可能でもあることから、その内容については、組織固有の特長や、ビジョン、トップマネジメントの思いなども含めて策定することが望ましい。

　「必要に応じて利害関係者が入手可能である」とは、組織のホームページや会社案内などに記載することでもよいが、外部からの要請に応じて都度品質方針を配付するということでも問題はない。

> ### 5.3　組織の役割、責任及び権限
> 　トップマネジメントは、関連する役割に対して、責任及び権限が割り当てられ、組織内に伝達され、理解されることを確実にしなければならない。
> 　トップマネジメントは、次の事項に対して、責任及び権限を割り当てなければならない。
> a）品質マネジメントシステムが、この規格の要求事項に適合することを確実にする。
> b）プロセスが、意図したアウトプットを生み出すことを確実にする。
> c）品質マネジメントシステムのパフォーマンス及び改善（10.1参照）の機会を特にトップマネジメントに報告する。
> d）組織全体にわたって、顧客重視を促進することを確実にする。
> e）品質マネジメントシステムへの変更を計画し、実施する場合には、品質マネジメントシステムを"完全に整っている状態"（integrity）に維持することを確実にする。

■解釈と注意する点

　箇条5において、トップマネジメントの最後の役割として、規格5.1.1のj）項にも関連し、組織内のそれぞれの役割に対し、責任と権限を割り当てて、その情報を組織全体に周知させることが求められている。そのことにより、QMSの運用が切れ目なく実施されることを目指す。

さらに、トップマネジメントは、a）項からe）項までの5つの役割についても、責任と権限を割り当てることが求められている。これら5つの事項について、どのように割り当てるか（特定の1人か、複数か）について規格は特に要求していない。

> 審査員が教える運用のポイント

　QMSを有効に機能させるためには、トップマネジメントが組織内におけるそれぞれの役割に、適切に責任と権限を、力量のある要員に割り当てて、その情報を組織内に十分に周知させることが必要との要求事項である。
　さらには、QMSを適切に運用したり、状況を取りまとめ、トップマネジメントに報告する役割についても責任と権限を割り当てることが求められている。この役割は、従来は"管理責任者"という名称であった。JISQ9001：2015は、"管理責任者"という名称を用いることを必ずしも要求していない。また、この役割は単数人でも複数人でもよい。組織として、適切な割り当てが求められている。

6 計画

> **6.1 リスク及び機会への取組み** 新規
> **6.1.1**
> 　品質マネジメントシステムの計画を策定するとき、組織は、4.1に規定する課題及び4.2に規定する要求事項を考慮し、次の事項のために取り組む必要があるリスク及び機会を決定しなければならない。
> a）品質マネジメントシステムが、その意図した結果を達成できるという確信を与える。
> b）望ましい影響を増大する。
> c）望ましくない影響を防止又は低減する。
> d）改善を達成する。

■解釈と注意する点

　①箇条6は、PDCAのP、すなわちQMSにおける計画を策定するところである。今回の規格改訂のポイントの一つに、パフォーマンスの強化が挙げられる。PDCAをまわした結果として、適合した製品及びサービスが顧客に提供され、顧客満足が向上したかについて重点を置く。そのために結果（＝パフォーマンス）をどう把握し、評価するかについての要求が強化されている。さらに、目指すパフォーマンスを達成するためには、パフォーマンスが達成できるような計画を策定することが重要である。実効性のない計画では、その計画を達成したとしても意味がない。意味のある計画とは、4.1の課題を解決し、4.2の利害関係者の要求事項に対応するための計画のことである。

　②箇条6は、6.1の「リスク及び機会への取り組み」を通じて、6.2「品質目標及びそれを達成するための計画の策定」という流れとなる。

　規格6.1.1では、リスク及び機会への取組み（actions）が求められている。まず、規格4.1で明確にした組織としての「外部・内部の課題」と、規格4.2

で明確にした利害関係者の「ニーズと期待（要求事項）」に対し、リスク及び機会に取り組むことが求められている。

　取組みとは、それら「外部・内部の課題」と「ニーズと期待（要求事項）」が、ａ）項からｄ）項のどの状況になるかについて、組織として考慮し、評価して、決定することである。

ａ）項では、要求事項に適合した製品及びサービスを顧客に提供し、顧客満足が向上するということ。
ｂ）項では、望ましくない結果となる。
ｃ）項では、望ましくない結果にならないようにしたり、抑えたりする。
ｄ）項では、改善する。

　③リスクとは、JISQ9000：2015の3.7.9に定義があり、「不確かさの影響」となっている。影響とは、「影響とは期待されていることから、好ましい方向又は好ましくない方向にかい（乖）離することをいう」と記述されている。

　一方、機会には、定義がない。ただし、JISQ9001：2015の6.1.2 注記2に「機会は、新たな慣行の採用、新製品の発売、新市場の開拓、新たな顧客への取組み、パートナーシップの構築、新たな技術の使用、及び組織のニーズ又は顧客のニーズに取り組むためのその他の望ましくかつ実行可能な可能性につながり得る。」との記述がある。つまり、機会とは、リスクの"期待されていることから好ましい方向へのかい（乖）離"を目指して新たなことに取り組むことと解釈できる。

　④従って、規格6.1.1では、6.2のQMSの計画を策定するために、4.1で明確にした課題と4.2で明確にした利害関係者のニーズ及び期待が、ａ）項からｄ）項のどれに該当する可能性があるのかついて、決めることが求められている。

　それぞれの「外部・内部の課題」や「ニーズと期待（要求事項）」は不確実さを有している。それぞれの事象の不確実さが、期待から好ましい方向に向かう（a項やd項）可能性があるのか、好ましくない方向に向かう（b項やc項）可能性があるのかを組織として決めることが要求されている。

審査員が教える運用のポイント

　QMSの意図する結果を達成するためには、箇条4で明確にした組織としての外部・内部課題と、利害関係者のニーズ及び期待を、組織として具体的項目として明確に決定しておくことが重要である。具体的な項目としなければ、その事象がどのようになるのかを考えることが難しくなる。

　規格要求事項の流れから考えると、上記の"課題やニーズ及び期待"からQMSの適用範囲が決定され、QMSが構築され、構築されたQMSの計画を決定することになる。

6.1.2 新規

　組織は、次の事項を計画しなければならない。
a）上記によって決定したリスク及び機会への取組み
b）次の事項を行う方法
　1）その取組みの品質マネジメントシステムプロセスへの統合及び実施（4.4参照）
　2）その取組みの有効性の評価

　リスク及び機会への取組みは、製品及びサービスの適合への潜在的な影響と見合ったものでなければならない。

注記1　リスクへの取組みの選択肢には、リスクを回避すること、ある機会を追求するためにそのリスクを取ること、リスク源を除去すること、起こりやすさ若しくは結果を変えること、リスクを共有すること、又は情報に基づいた意思決定によってリスクを保有することが含まれ得る。

注記2　機会は、新たな慣行の採用、新製品の発売、新市場の開拓、新たな顧客への取組み、パートナーシップの構築、新たな技術の使用、及び組織のニーズ又は顧客のニーズに取り組むためのその他の望ましくかつ実行可能な可能性につながり得る。

〈図表6.1.2　品質目標設定プロセス〉

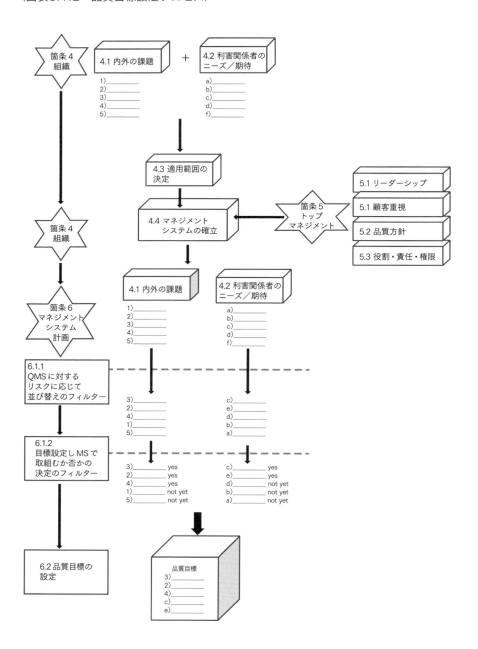

■解釈と注意する点

①規格6.1.1をインプットに、6.1.2を通じて、6.2の品質目標の設定とその達成計画の策定へとつながっていく。規格6.1.1では、4.1で明確にした「外部・内部の課題」と4.2で明確にした利害関係者の「ニーズ及び期待」などの項目がどのような不確実性をもつのかについて決定した。規格6.2.2では、その不確実性を考慮し、それぞれの項目に組織としてどのように取り組んでいくのかを決めることが求められている。

②取組みの選択肢については、注記1に記述があり、「リスクを回避する」、「リスクを取る」、「リスク源の除去」、「起こりやすさや結果を変えること」、「リスクを共有する」、「リスクを保有する」ことなどが挙げられている。

規格6.1.2 a）項では、「外部・内部の課題」と「ニーズ及び期待」のそれぞれの事項が、どのような影響（結果）になりうるのかということを考えて、そうなった場合、QMSの意図する結果（組織として適合した製品及びサービスを提供し、顧客満足を向上する）にどのような影響を与えるのかについても考えて、それぞれの事項に対し、どのような対応（その選択肢は、「リスクを回避する」、「リスクを取る」、「リスク源の除去」、「起こりやすさや結果を変えること」、「リスクを共有する」、「リスクを保有する」）をするのかを決定することが求められている。

③さらに、規格6.1.2 b）項では、リスクへの取組みをQMSの中でどのように取り組んでいくのか、また取り組んだ結果の有効性の評価についても計画することが求められている。具体的には、「外部・内部の課題」と「利害関係者のニーズ及び期待」などのQMSで対応すべき事項のすべてを同時に取り組んで改善する（不確実性を減らし、好ましい方向へ向かうこと）ことは一般論として不可能であるので、それらの事項のリスクに対する組織への影響度に応じて、選択的に、総合的に対応計画を決めていくことが望ましい。すなわち、ある事象のリスクが、組織のQMSに直ちに大きな悪影響を及ぼす場合は、直ちに計画を立ててリスク低減や回避をしなければならないだろうし、また、ある事象のリスクは、影響を及ぼさないのであれば、その対応は後回しでいいかもしれない。その事象のリスクが

組織のQMSに与える影響度に応じて対応計画を立てることが適切である。やるべき事項を組織のQMSに与える影響度に応じて優先順位をつけて、その優先順位に対応した計画を考えることが望ましい。例えば事項Aに対する対応は、短期計画で実施し、それが解決した後に事項Bの対応計画を長期計画でスタートさせるなどの全体計画を立案することも必要と思われる。つまり、すべてを等しく単年度計画対応しなければならないというものではない。

> **審査員が教える運用のポイント**

「外部・内部の課題」と「利害関係者のニーズ及び期待」など組織として対応しなければならない事項について、QMSでどのように対応していくかについての計画を考えることが求められている。

当然、取り組むべき事項の優先順位を組織として判断し、その優先順位に応じて適切な対応計画を策定することになる。その結果、組織のQMSの運用を通じて、好ましくない方向へ向かうリスクが減少し、好ましい方向へ向かうリスクが増大することになる。なお、取り組むべき事項の優先順位については、規格に要求事項はない。組織として最適な方法で決定することが求められている。

「外部・内部の課題」と「利害関係者のニーズ及び期待」の項目の中で取り組むべき事項の優先順位付けについては、例えば、会議体として議論・合意を通じて決定してもいいし、リスクマネジメントの手法に従って、項目ごとに発生確率と影響度を数値化して、数値として順位づけてもいい。その具体的な方法について規格は求めていない。

6.2 品質目標及びそれを達成するための計画策定 　強化

6.2.1

組織は、品質マネジメントシステムに必要な、関連する機能、階層及びプロセスにおいて、品質目標を確立しなければならない。

品質目標は、次の事項を満たさなければならない。

a) 品質方針と整合している。

> b) 測定可能である。
> c) 適用される要求事項を考慮に入れる。
> d) 製品及びサービスの適合、並びに顧客満足の向上に関連している。
> e) 監視する。
> f) 伝達する。
> g) 必要に応じて、更新する。
>
> 　組織は、品質目標に関する文書化した情報を維持しなければならない。

■解釈と注意する点

　①規格6.1を通じて策定したやるべき事項に対するリスク対応計画に従って、組織内の必要とする部門や機能やプロセスに対し品質目標を設定し、その目標の実行計画を、QMSの中で策定することが求められている。

　目標とは、JISQ9000：2015の3.7.1に「達成すべき結果」と定義されている。さらに「品質方針と整合のとれた品質目標を設定する」となっている。

　②設定される品質目標は、a) 項からg) 項の7項目を満たさなければならない。

　③規格6.2.1 b) 項で、品質目標は、測定可能であることが求められている。箇条9のパフォーマンス評価、これはPDCAのCに相当する箇条であり、パフォーマンスとは、JISQ9000：2015の3.7.8項では「測定可能な結果」という定義になっている。可能な限り定量化することが望まれる。

　④設定した品質目標とその状況等関連する事項は、文書化した情報として維持しなければならない。

審査員が教える運用のポイント

　①品質目標は、画一的にすべて1年計画である必要はない。設定したテーマの重要度とタイムスケールを考慮し、もっと短い計画もありうるし、中期さらには長期計画もありうる。柔軟で軽快な計画が望ましい。

　②品質目標の設定は、必ずしも部門ごとである必要はない。複数の部門

がある共通の目標を設定してもいいし、全社で共通して実施するテーマと複数部門で共有して実施するテーマ、部門ごとのテーマ、さらには課やグループごとに設定し、それらを組み合わせてもいい。もちろん部門を横串にしたプロジェクト単位でも設定は可能である。組織として達成すべき品質目標（解決すべき課題）に対し、そのような組織的切り分けで設定することが適切であるかが重要なポイントである。

> 6.2.2
> 　組織は、品質目標をどのように達成するかについて計画するとき、次の事項を決定しなければならない。
> a）実施事項
> b）必要な資源
> c）責任者
> d）実施事項の完了時期
> e）結果の評価方法

■解釈と注意する点
　規格6.2.1で設定する品質目標を、どのようにして達成するかの具体的計画を策定することが求められている。そこには、a）項からe）項までの5項目を設定しなければならない。特にc）項では、品質目標の責任者を決めること、さらにe）項には、どのようにその結果を評価するのかを決めることが要求されている。当然ながら定量的であることが望ましい。

審査員が教える運用のポイント
　詳細で具体的な品質目標達成計画が要求されている。

> 6.3　変更の計画
> 　組織が品質マネジメントシステムの変更の必要性を決定したとき、その変更は、計画的な方法で行わなければならない（4.4参照）。
> 　組織は、次の事項を考慮しなければならない。

> a）変更の目的、及びそれによって起こり得る結果
> b）品質マネジメントシステムの"完全に整っている状態"（integrity）
> c）資源の利用可能性
> d）責任及び権限の割当て又は再割当て

■**解釈と注意する点**

　品質目標の達成計画の変更に関する要求事項である。変更が決定した場合には、a）項からd）項の4項目について考慮することが求められている。

審査員が教える運用のポイント

　JISQ9001：2015規格では、策定した計画については、必要に応じて、つまり計画に対し現実の乖離を認めた場合には、変更することが求められている。変更のタイミングは、不定期でも定期的でもいい。

　計画と実際にかい（乖）離があるにもかかわらず、当初計画を踏襲していることの是非が問われることになる。変更の必要性については、誰がどのように決定するかも重要である。

7 支援

> ## 7.1　資源
> ### 7.1.1　一般
> 　組織は、品質マネジメントシステムの確立、実施、維持及び継続的改善に必要な資源を明確にし、提供しなければならない。
> 　組織は、次の事項を考慮しなければならない。
> a）既存の内部資源の実現能力及び制約
> b）外部提供者から取得する必要があるもの

■解釈と注意する点

　①QMSの確立、実施、維持、継続的改善のために必要な資源は、組織のマネジメントシステムの目的に沿って決定される。

　この規格では、「人的資源」、「インフラストラクチャ」、「プロセスの運用に関する環境」、「監視及び測定のための資源」、「組織の知識」について、具体的な要求事項を規定している。

　②JISQ9001：2008の6.1資源の提供と基本的に同じ要求事項であるが、a）及びb）の考慮事項が明確にされた。必要な資源を決定する際には、内部資源がどのくらい活用できるか、どのような資源を外部から取得する必要があるか考慮する。そして、明確にした必要な資源を実際に活用することが求められている。

審査員が教える運用のポイント

　必要な資源は、組織のマネジメントシステムの目的に沿って決定されなければならない。組織の判断で決めるということであるが、規格6.2.2　b）に合致した考慮をするべきである。

　なお、QMSに必要な資源が利用可能であることを確実にするのはトップマネジメントの役割であることが、5.1.1のe）に示されている。

7.1.2　人々

組織は、品質マネジメントシステムの効果的な実施、並びにそのプロセスの運用及び管理のために必要な人々を明確にし、提供しなければならない。

■解釈と注意する点

必要な人的資源を提供することが求められている。

規格7.1.1と7.2に関連した要求事項であり、JISQ9001：2008の6.2人的資源で対応してきたことと基本的に同じことである。なお、7.2では、それぞれに求められる力量を明確し、必要な力量を確保することになる。

審査員が教える運用のポイント

人的資源の確保は、事業の継続を図る組織であれば、当然に行われていることである。その意味ではQMSのために特別な実施事項が求められているわけではない。過重な取り組みにならないようにすべきである。

なお、規格7.1.1の"必要な資源"には「外部提供者から取得する必要があるもの」が含まれるため、組織外の人が対象に入る可能性もある。

7.1.3　インフラストラクチャ

組織は、プロセスの運用に必要なインフラストラクチャ、並びに製品及びサービスの適合を達成するために必要なインフラストラクチャを明確にし、提供し、維持しなければならない。
注記　インフラストラクチャには、次の事項が含まれ得る。
a）建物及び関連するユーティリティ
b）設備。これにはハードウェア及びソフトウェアを含む。
c）輸送のための資源
d）情報通信技術

■解釈と注意する点

必要なインフラストラクチャを明確することが求められているが、"製

品及びサービスの適合を達成するためのプロセスの運用に必要な"インフラストラクチャであり、組織内のあらゆる施設、設備、システムではないことに留意したい。

　注記には、必要なインフラストラクチャの例示がある。情報技術及び通信技術とは、情報通信関連の機器・装置を含むシステム全体を意味する。

審査員が教える運用のポイント

　明確にする方法として文書化は要求されていない。しかし、多くの組織では"設備機器一覧"、"固定資産台帳"などの文書を維持している。それらによって、必要なものが明確化されていることが確認されれば、通常の事業活動と乖離しない活動となる。

　インフラストラクチャは日常的に利用するものであるが、事故やトラブルが起これば、組織の事業活動を止めてしまうおそれもある。その点で、「維持」に着目した運用の見直しは、パフォーマンスの維持向上に繋がるポイントである。

7.1.4　プロセスの運用に関する環境

　組織は、プロセスの運用に必要な環境、並びに製品及びサービスの適合を達成するために必要な環境を明確にし、提供し、維持しなければならない。

注記　適切な環境は、次のような人的及び物理的要因の組合せであり得る。

a) 社会的要因（例えば　非差別的、平穏、非対立的）
b) 心理的要因（例えば　ストレス軽減、燃え尽き症候群防止、心のケア）
c) 物理的要因（例えば　気温、熱、湿度、光、気流、衛生状態、騒音）

　これらの要因は、提供する製品及びサービスによって、大いに異なり得る。

■解釈と注意する点

①プロセスの運用に必要な環境と製品及びサービスの適合を達成するために必要な環境の二面から考慮することが求められている。その具体例が注記で示されている。a)、b)は人々の働きやすさに関するものである。業務に従事する人々を動機付けし、目標が達成され、よりよい製品・サービスへのコミットメントが奨励されるような状態も含まれる。

②c)は製品及びサービスの特性に直接影響を与える可能性のある物理的要因である。

審査員が教える運用のポイント

①JISQ9001：2008では、作業環境とされてきたため、いわゆる作業現場についての要求事項というイメージがあったかもしれないが、事務や開発、接客サービスなどの職場においても適用できることに留意すべきである。

注記では、本項で明確化が求められている「環境」が、その職場の状況や提供する製品及びサービスによって異なるものであることが示されている。従って、注記を参考にして、職場の実態に即した取組みをすることが望まれる。

②必要な環境を明確にする方法として文書化は要求されていない。規格8.5.1 g)で新たな要求事項となったヒューマンエラーの防止との繋がりで検討することも運用のポイントである。

7.1.5　監視及び測定のための資源
7.1.5.1　一般

要求事項に対する製品及びサービスの適合を検証するために監視又は測定を用いる場合、組織は、結果が妥当で信頼できるものであることを確実にするために必要な資源を明確にし、提供しなければならない。

組織は、用意した資源が次の事項を満たすことを確実にしなければならない。

a) 実施する特定の種類の監視及び測定活動に対して適切である。
b) その目的に継続して合致することを確実にするために維持されて

いる。
　組織は、監視及び測定のための資源が目的と合致している証拠として、適切な文書化した情報を保持しなければならない。

■解釈と注意する点

　①製品及びサービスが要求事項に適合していることを確認するために用いる監視機器及び測定機器が主な対象である。文章表現の違いはあるものの、JISQ9001：2008の7.6とほぼ同様の要求事項である。

　②監視機器及び測定機器を管理する目的は、監視及び測定の結果が妥当で信頼できるものであることを実証することである。

　監視は"システム、プロセス、製品、サービス又は活動の状況を確定すること"であり、測定は"値を確定するプロセス"である。監視は測定を伴うこともある。

　規格7.1.5.1　a）の"監視及び測定活動に対して適切"とは、用いる機器は監視及び測定活動の内容に対して適切なものでなければならない、ということである。例えば、0.1mmの精度が要求されている場合に1mm単位でしか測定できない測定機器は適切とは言えない。

　規格7.1.5.1　b）の"継続して合致することを確実にするために維持されている"とは、監視及び測定の結果が妥当で信頼できるものであるために、監視機器及び測定機器を維持（メンテナンス）することである。

　③監視及び測定の結果が妥当で信頼できるものであることを実証するための文書化した情報は、保持する必要がある。文書化した情報には、監視機器及び測定機器の点検記録などが考えられる。

審査員が教える運用のポイント

　①"製品及びサービスの適合"とあるので、サービス業においても適用できる要求事項であることに留意したい。

　②JISQ9001：2008と同様に監視機器及び測定機器が主な対象であるが、JISQ9001：2015では"監視及び測定のための資源"であることから、監視及び測定に関する人的資源やインフラストラクチャも対象となる。例えば、

完成した製品の外観チェックをする要員や、ITサービス業において情報システムの運用状態を監視するソフトウェアなどにも適用できる。

③値が関係する測定機器だけでなく、監視に適切な資源を考慮することが運用のポイントである。

> **7.1.5.2 測定のトレーサビリティ**
>
> 　測定のトレーサビリティが要求事項となっている場合、又は組織がそれを測定結果の妥当性に信頼を与えるための不可欠な要素とみなす場合には、測定機器は、次の事項を満たさなければならない。
>
> a) 定められた間隔で又は使用前に、国際計量標準又は国家計量標準に対してトレーサブルである計量標準に照らして校正若しくは検証、又はそれらの両方を行う。そのような標準が存在しない場合には、校正又は検証に用いたよりどころを、文書化した情報として保持する。
> b) それらの状態を明確にするために識別を行う。
> c) 校正の状態及びそれ以降の測定結果が無効になってしまうような調整、損傷又は劣化から保護する。
>
> 　測定機器が意図した目的に適していないことが判明した場合、組織は、それまでに測定した結果の妥当性を損なうものであるか否かを明確にし、必要に応じて、適切な処置をとらなければならない。

■解釈と注意する点

①測定のトレーサビリティが要求事項、あるいは顧客や利害関係者の期待となっている場合、または、測定結果の妥当性に信頼を与えるために不可欠であると組織自身が判断する場合にはa)～c)が要求事項となる。

②測定機器の不具合が見つかった場合には、その機器で測定した結果の妥当性に影響がないかどうか確認する。悪影響がある可能性が特定された場合は、測定した結果を原因とする不適合の発生を調査し、適切な処置をとらなければならない。

審査員が教える運用のポイント

①"値を確定するプロセス"である測定を行う資源に絞られた要求事項である。監視のみの資源は要求事項の対象となっていないことがポイントである。

②測定機器の校正は、外部校正だけでなく、組織内のトレーサビリティ体系を確立することにより効率的な運用をすることもできる。

7.1.6 組織の知識 　新規

組織は、プロセスの運用に必要な知識、並びに製品及びサービスの適合を達成するために必要な知識を明確にしなければならない。

この知識を維持し、必要な範囲で利用できる状態にしなければならない。

変化するニーズ及び傾向に取り組む場合、組織は、現在の知識を考慮し、必要な追加の知識及び要求される更新情報を得る方法又はそれにアクセスする方法を決定しなければならない。

注記1　組織の知識は、組織に固有な知識であり、それは一般的に経験によって得られる。それは、組織の目標を達成するために使用し、共有する情報である。

注記2　組織の知識は、次の事項に基づいたものであり得る。

a）内部の知識源（例えば、知的財産、経験から得た知識、成功プロジェクト及び失敗から学んだ教訓、文書化していない知識及び経験の取得及び共有、プロセス、製品及びサービスにおける改善の結果）

b）外部の知識源（例えば標準、学界、会議、顧客又は外部の提供者からの知識収集）

■解釈と注意する点

①組織として持つべき知識に関する要求事項である。組織の要員に求める力量は規格7.2に、認識は7.3に定められている。

②注記2に示されるとおり、組織の知識には、知的財産や過去の教訓（失

敗事例等）が含まれる。知識とは、研究・観察・経験などから得られた真実である確実性の高いまとまった情報で、確立した見識・学識と解釈できる。"ナレッジ"や"ノウハウ"と言われることもある。

③プロセスの運用に必要な知識、並びに、製品及びサービスの要求品質を満たす上で必要な知識を決定し、入手し、利用可能にし、維持することが求められている。なお、これらの一連の取組みについての文書化は要求されていないが、"品質マネジメントシステムの有効性のために必要であると組織が決定（7.5.1）"すれば、文書化した情報としなければならない。

特に、事業を取り巻く内部・外部の環境変化と、それに伴うニーズの変化に対応するために、どのような追加の知識が必要なのかを見極めて、新たな知識にアクセスして習得できる方法を決めていく必要がある。

審査員が教える運用のポイント

①JISQ9001：2008には無かった要求事項である。したがって、規格の移行を目指す組織では、確認あるいは何らかの対応が必要となる。

②求められているのは「プロセスの運用に必要」、「製品及びサービスの適合を達成するために必要」とされる知識であり、必要以上に広く捉えることのないように留意することがポイントである。

③また、"組織の知識"であるため、特定の要員が豊富な知識を持つことではない。知識の共有化のためにどのような取組みがされているかが重要である。

④注記2から、過去の予防処置の情報を組織内で共有されている状態を確認することでも、"組織の知識"が組織内で利用できる状態かどうかの判断材料となることがわかる。JISQ9001：2015では予防処置の要求事項が無くなったが、これまでの活動によって蓄積された組織内の知識の活用は、システム運用を切れ目無く規格移行する上でのポイントである。

7.2 力量

組織は、次の事項を行わなければならない。

a）品質マネジメントシステムのパフォーマンス及び有効性に影響を

　　　　与える業務をその管理下で行う人（又は人々）に必要な力量を明確にする。
　b）適切な教育、訓練又は経験に基づいて、それらの人々が力量を備えていることを確実にする。
　c）該当する場合には、必ず、必要な力量を身に付けるための処置をとり、とった処置の有効性を評価する。
　d）力量の証拠として、適切な文書化した情報を保持する。
　注記　適用される処置には、例えば、現在雇用している人々に対する、教育訓練の提供、指導の実施、配置転換の実施などがあり、また、力量を備えた人々の雇用、そうした人々との契約締結などもあり得る。

■解釈と注意する点

①製品及びサービスの品質パフォーマンス（結果、成果）に影響を与える業務とは何かを特定し、それらの業務を行う要員に必要な力量を決定し、教育・訓練や経験に基づく力量ある要員を業務に従事させることが求められている。

②力量不足の場合は、注記に例示されるような処置を計画（plan）して実施（do）し、処置の有効性を評価（check）する。処置によって必要な力量が備わったならば、その処置が有効であったと言える。有効でなければ、追加の処置を実施する（act）。このPDCAプロセスを運用することによって、必要な力量が確保される。

③必要な力量を有していることを実証できる文書化した情報を保持することが求められている。

審査員が教える運用のポイント

　JISQ9001：2008の6.2.2 力量、教育・訓練および認識に対応する。2008年版では、力量と認識は同じ箇条の要求事項であったが、分離された要求事項となった。

　求められる力量の範囲は、2008年版の"製品品質に影響を与える"から"品質マネジメントシステムのパフォーマンスと有効性に影響を与える"

に変更になっているが、実質的には変更はない。要員の力量を評価し、必要な力量を有していることを確認する運用上のポイントにも変化はない。

> **7.3 認識**
> 組織は、組織の管理下で働く関連する人々が、次の事項に関して認識をもつことを確実にしなければならない。
> a）品質方針
> b）関連する品質目標
> c）パフォーマンスの向上によって得られる便益を含む、品質マネジメントシステムの有効性に対する自らの貢献
> d）品質マネジメントシステム要求事項に適合しないことの意味

■解釈と注意する点

①"組織の管理下で働く関連する人々"とは、雇用形態に関わりなくQMSに関する業務を行う人々である。

②"認識"とは、単に"知っている"だけでなく、"その本質、意義を理解し、自己の活動に置き換えることができること"である。

③組織の人々は、品質方針、QMSの有効性に対する自らの貢献、QMS要求事項に適合しないことの意味を理解し、自らどのように関与すべきかがわかること、また、そのように行動できることが求められている。

審査員が教える運用のポイント

①JISQ9001：2008においても人々の認識を確実にすることは、要求事項とされていた。表現の違いはあるものの、要求事項として大きな変化はない。

②人々が認識をもっている状態を保つには、教育・訓練、内部コミュニケーションを効果的に実施することである。また、日常業務はもちろんのこと、緊急時でも初期対応や報告・連絡が適切にできることも認識を確実にする手法の一つとして考えられる。

③また、内部監査において、現場で業務を実施している人々を直接イン

タビューし、規格7.3が求めている認識の有無を検証することは、運用上のポイントである。

> ### 7.4 コミュニケーション
> 　組織は、次の事項を含む、品質マネジメントシステムに関連する内部及び外部のコミュニケーションを決定しなければならない。
> 　a）コミュニケーションの内容
> 　b）コミュニケーションの実施時期
> 　c）コミュニケーションの対象者
> 　d）コミュニケーションの方法
> 　e）コミュニケーションを行う人

■解釈と注意する点

①QMSに関連して、いつ、誰と、何について、どのようにコミュニケーションをとる必要があるか決定することが要求されている。

②コミュニケーションには、一方向の場合と双方向の場合がある。一方向の伝達や周知も方法であるが、コミュニケーションの内容によっては、双方向の伝達が必要となる。

③なお、コミュニケーションは内部の人々だけでなく、外部の利害関係者も対象となったことは新しい要求事項である。

審査員が教える運用のポイント

①平常時と緊急時において、必要なコミュニケーションとは何かを明確にしておくことがポイントである。

②内部のコミュニケーションの実施では、部門・階層などの組織形態を考慮するとともに、会議体への参加者、雇用形態の違いなど多様な働き方をしている人々がいれば、その配慮も検討の対象となる。

③外部とのコミュニケーションの実施では、受付窓口の明示をするなど、利害関係者がアクセスできることが確実になっていることがポイントである。

④文書化した情報に関する要求はない。しかし、コミュニケーションの

実施を品質マネジメントシステムに関連する、しないに係わらず、"文書化した情報"とすることが日常業務として定着している場合、これまで保持してきた情報の適切さを見直すことが運用上のポイントである。

> ### 7.5 文書化した情報
> #### 7.5.1 一般
> 　組織の品質マネジメントシステムは、次の事項を含まなければならない。
> a）この規格が要求する文書化した情報
> b）品質マネジメントシステムの有効性のために必要であると組織が決定した、文書化した情報
> 注記　品質マネジメントシステムのための文書化した情報の程度は、次のような理由によって、それぞれの組織で異なる場合がある。
> －　組織の規模、並びに活動、プロセス、製品及びサービスの種類
> －　プロセス及びその相互作用の複雑さ
> －　人々の力量

■解釈と注意する点
　品質マニュアルに関する要求事項はなく、組織がその必要性を判断するものとなった。2008年版にあった、特定の手順に対する文書化の要求はなくなり、組織がその要否を判断するようになった。

■審査員が教える運用のポイント
　①2008年版の4.2 文書化に関する要求事項が該当する。
　②注記にあるように、文書化した情報の程度（量、詳細さ）は、組織の状況によって考慮し、組織自身が決定していかなければならない。必要な事項を見極めて、文書・記録を簡素化する取組みには意味がある。しかし、留意すべきことは、顧客などの利害関係者が製品及びサービスの適合に安心感と信頼をもつことができるかどうかである。また、自組織の置かれた状況を見直した時、文書化した情報が不足していることに気付く場合もあ

る。
　③画一的な文書化が要求されているものではないことや、意味のある情報を保持している媒体の多様性を考慮することが運用上のポイントである。

> ### 7.5.2　作成及び更新
> 　文書化した情報を作成及び更新する際、組織は、次の事項を確実にしなければならない。
> a) 適切な識別及び記述（例えば、タイトル、日付、作成者、参照番号）
> b) 適切な形式（例えば、言語、ソフトウェアの版、図表）及び媒体（例えば、紙、電子媒体）
> c) 適切性及び妥当性に関する、適切なレビュー及び承認

■解釈と注意する点
　文書化した情報を作成及び更新する際の要求事項が示されている。文書化した手順の要求は無くなったが、要求事項の内容に大きな変化はない。

審査員が教える運用のポイント
　規格7.5.2は、次に続く7.5.3の管理を行うために整備されていなければならない条件となる。
　b) は、規格7.1.4プロセスの運用に関する環境の注記c) 物理的要因や、8.5.4　保存の影響を強く受ける場合があり、この点を考慮することが運用上のポイントである。例えば、異物混入に注意を払わなければならない状況下で使用される"文書化した情報"は、紙の使用が制限されることがある。

7.5.3　文書化した情報の管理
7.5.3.1
　品質マネジメントシステム及びこの規格で要求されている文書化した情報は、次の事項を確実にするために、管理しなければならない。
a) 文書化した情報が、必要なときに、必要なところで、入手可能か

つ利用に適した状態である。
b) 文書化した情報が十分に保護されている（例えば、機密性の喪失、不適切な使用及び完全性の喪失からの保護）。

7.5.3.2

文書化した情報の管理に当たって、組織は、該当する場合には、必ず、次の行動に取り組まなければならない。
a) 配付、アクセス、検索及び利用
b) 読みやすさが保たれることを含む、保管及び保存
c) 変更の管理（例えば、版の管理）
d) 保持及び廃棄

品質マネジメントシステムの計画及び運用のために組織が必要と決定した外部からの文書化した情報は、必要に応じて識別し、管理しなければならない。

適合の証拠として保持する文書化した情報は、意図しない改変から保護しなければならない。

注記　アクセスとは、文書化した情報の閲覧だけの許可に関する決定、又は文書化した情報の閲覧及び変更の許可及び権限に関する決定を意味し得る。

■解釈と注意する点

①文書化した情報の管理と取り組むべき行動に関する要求事項である。

②7.5.3.1は管理しなければならない項目で、a)、b) とも完全な対応が必要である。

7.5.3.2は該当する場合に取り組まなければならないものであり、該当の有無の検討が必要となる。例えば、記録を更新することは通常必要ないため、c) は該当しない。

③組織が必要と決定した外部からの文書化した情報は特定し、管理する必要がある。

審査員が教える運用のポイント

　規格7.5.2との繋がりから検討することが運用上のポイントである。例えば、7.5.3.1 a)、7.5.3.2 a) に関連し、現場で必要な情報が必要なときに検索性が悪く、支障が生じているような場合、7.5.2 a) の適切性とのつながりから運用の有効性を検討することがポイントの一つである。

8 運用

8.1 運用の計画及び管理 　追加

　組織は、次に示す事項の実施によって、製品及びサービスの提供に関する要求事項を満たすため、並びに箇条6で決定した取組みを実施するために必要なプロセスを、計画し、実施し、かつ、管理しなければならない（4.4参照）。

a）製品及びサービスに関する要求事項の明確化
b）次の事項に関する基準の設定
　1）プロセス
　2）製品及びサービスの合否判定
c）製品及びサービスの要求事項への適合を達成するために必要な資源の明確化
d）b）の基準に従った、プロセスの管理の実施
e）次の目的のために必要な程度の、文書化した情報の明確化、維持及び保持
　1）プロセスが計画どおりに実施されたという確信をもつ。
　2）製品及びサービスの要求事項への適合を実証する。

　この計画のアウトプットは、組織の運用に適したものでなければならない。

　組織は、計画した変更を管理し、意図しない変更によって生じた結果をレビューし、必要に応じて、有害な影響を軽減する処置をとらなければならない。

　組織は、外部委託したプロセスが管理されていることを確実にしなければならない（8.4参照）。

■解釈と注意する点
①製品及びサービスの要求事項を満たすために、a）〜e）を行うことに

よって、組織が決定した製品及びサービスに関連するリスク及び機会への取組みを計画して実施し、管理することが求められている。計画のアウトプットは運用に適したものにする。例えば、"○○計画書""標準作業手順書"などがある。

　b)の"プロセスに関する基準"とは、工程パラメータなどの製造条件や、製造及びサービスが計画通り安定して提供されていると判断する基準である。"製品及びサービスの合否判定基準"とは、どうであれば製品及びサービスは合格かを判定する基準である。

　d）は、b)の基準に従い、プロセスを監視・測定する等によって管理することを求めている。

　②計画した手順・基準どおりに実施され、要求事項に適合する結果がでたことを実証するために、必要な程度の文書化した情報を保持することが必要である。

　③"計画した変更"とは、定期的なレビュー等に基づいた変更のことである。"意図しない変更"とは、製造及びサービス提供の現場の状況・状態などから要求事項を満たすために、あるいは、事故やクレームなど突発的事象により、運用の計画に変更の必要性が生じた場合などである。変更の結果の見直しと評価の結果、有害な影響が発生する場合、その影響を軽減する処置を行うことが求められている。

　④外部委託したプロセスも確実に管理する必要がある。

> 審査員が教える運用のポイント

　①規格4.4が参照され、運用の計画と管理もプロセスアプローチを適用していることが示されている（図表8.1）。

　ここでは規格8.1の内容と他の主要な要求事項との相互関係を示す。

　a）は8.2に詳細が示されている。
　b）は8.2.3 b）、8.3.5 c）、8.4.2、8.5.1、8.6、9.1などが関係する。
　c）は8.5.1が関係する。
　d）は8.4.2、8.5.1、8.6、9.1などが関係する。
　e）は7.5、8.5.1a）などが関係する。

〈図表8.1　規格4.4の概要図〉

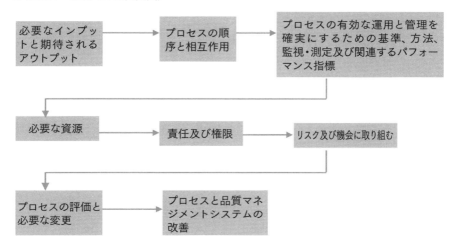

　②計画のアウトプットは、「組織の運用に適したもの」となっている。文書化した情報は必須のものとされていないが、一貫したシステム運用を行うためには何らかの情報共有手段が必要である。そのため規格7.5.2b）を参照し、文書化した情報の形式や媒体が適切であるかの観点から自組織の運用を改めて確認し、必要な情報の整理や技術進歩により電子化が進んだツールに置き換えるような発想をもつことが、変化する外部環境に対応するために重要である。

　③8.1は、2008年版の7.1の要求事項に該当するが、「組織は、計画した変更を管理し、意図しない変更によって生じた結果をレビューし、必要に応じて、有害な影響を軽減する処置をとらなければならない。」は、新たな要求事項である。

8.2　製品及びサービスに関する要求事項　強化
8.2.1　顧客とのコミュニケーション
　顧客とのコミュニケーションには、次の事項を含めなければならない。
　a）製品及びサービスに関する情報の提供
　b）引合い、契約又は注文の処理。これらの変更を含む。
　c）苦情を含む、製品及びサービスに関する顧客からのフィードバッ

クの取得
　d）顧客の所有物の取扱い又は管理
　e）関連する場合には、不測の事態への対応に関する特定の要求事項の確立

■解釈と注意する点

　①顧客とコミュニケーションするプロセスを確立することが求められている。コミュケーションする内容は、a)～e)に示されている。これらの内容に応じて適切なコミュニケーションの方法を確立する。

　a）は、カタログやパンフレットなど不特定多数の顧客に提供する情報、特定の顧客に提供する製品及びサービス仕様書などがある。

　b）は、特定の顧客からの引合い、それに続く契約や受注、又は契約や注文の変更である。

　c）は、組織の製品及びサービス等を顧客がどうとらえているか（不平・不満・苦情・感謝・賞賛・期待等）を把握することを意味する。

　d）は、8.5.3の要求事項に関する顧客とのコミュニケーションのことである。

　e）の「不測の事態」とは、具体的には、製品及びサービスの不具合や事故等である。それらの情報を入手し、又は発信するための手段を確立することを要求している。例えば、ヘルプデスク、24時間対応窓口の設置も一つの方法である。

審査員が教える運用のポイント

　①規格8.2は2008年版の7.2に該当しているが、その構成が大きく変化した。比較してみると、2008年版が顧客と関連するインタフェース管理であったのに対し、「要求事項」の決定とその変更管理に重点が置かれたことがわかる。これは「顧客満足」の定義（JISQ9000：2015 3.9.2）が「顧客の期待が満たされている程度に関する顧客の受け止め方」となり、「要求事項」が「期待」に置き換わったことと関係している。コミュニケーションは「期待」を満たすための情報収集と発信機能として、これまでより重要性が高

〈図表8.2.1　2015年版　製品及びサービスのための要求事項の決定の箇条構成〉

【2015年版　製品及びサービスのための要求事項の決定の箇条構成】

【2008年版　顧客関連のプロセスの箇条構成】

まった。特に顧客からの「期待」に関する情報は、運用管理方式の程度の決定や、以降の要求事項の重要なインプットとなる。

②　e)の「不測の事態」はドラフト版では「緊急時」という表現であった。このことは、e)項が自組織に関連するものかどうかの判断の参考となる。

> **8.2.2　製品及びサービスに関する要求事項の明確化**
>
> 　顧客に提供する製品及びサービスに関する要求事項を明確にするとき、組織は、次の事項を確実にしなければならない。
>
> a）次の事項を含む、製品及びサービスの要求事項が定められている。
>
> 　1）適用される法令・規制要求事項
>
> 　2）組織が必要とみなすもの
>
> b）組織が、提供する製品及びサービスに関して主張していることを満たすことができる。

■解釈と注意する点

　b）は、「組織が、規定した要求事項を満たし、提供する製品及びサービスに関する要求を実現する能力をもつ」と同義と解釈できる。「規定した要求事項を満たし」は、規格8.2.3　c）にあるため、重複を避けた表現となっ

ている。

> **審査員が教える運用のポイント**

　製品及びサービスに関する要求事項を明確にする業務で、8.2.1で収集したインプット情報を検討する際、対比検討する材料としてa）項及びb）項が整備されていることがポイントである。文書化した情報が求められていないため、要求事項を明確にする業務の担当者がa）、b）について精通し、力量があることを実証することでも対応できる場合がある。重要なことは、この要求事項への対応の程度が、この後に続くレビュー機能に影響することを検討しておくことである。

8.2.3　製品及びサービスに関する要求事項のレビュー

　8.2.3.1　組織は、顧客に提供する製品及びサービスに関する要求事項を満たす能力をもつことを確実にしなければならない。組織は、製品及びサービスを顧客に提供することをコミットメントする前に、次の事項を含め、レビューを行わなければならない。

a）顧客が規定した要求事項。これには引渡し及び引渡し後の活動に関する要求事項を含む。

b）顧客が明示してはいないが、指定された用途又は意図された用途が既知である場合、それらの用途に応じた要求事項

c）組織が規定した要求事項

d）製品及びサービスに適用される法令・規制要求事項

e）以前に提示されたものと異なる、契約又は注文の要求事項

　組織は、契約又は注文の要求事項が以前に定めたものと異なる場合には、それが解決されていることを確実にしなければならない。

　顧客がその要求事項を書面で示さない場合には、組織は、顧客要求事項を受諾する前に確認しなければならない。

注記　インターネット販売などの幾つかの状況では、注文ごとの正式なレビューは実用的ではない。その代わりとして、レビューには、カタログなどの、関連する製品情報が含まれ得る。

> 8.2.3.2　組織は、該当する場合には、必ず、次の事項に関する文書化した情報を保持しなければならない。
> a）レビューの結果
> b）製品及びサービスに関する新たな要求事項
>
> **8.2.4　製品及びサービスに関する要求事項の変更** 強化
> 　製品及びサービスに関する要求事項が変更されたときには、組織は、関連する文書化した情報を変更することを確実にしなければならない。また、変更後の要求事項が、関連する人々に理解されていることを確実にしなければならない。

■解釈と注意する点

①製品及びサービスに関する顧客の要求事項をレビューすることが求められている。レビューする対象は、8.2.3.1のa）～e）である。

②規格8.2.3.1のa）～d）は2008年版では、要求事項の明確化に位置づけられていたものである。2008年版の7.2.2では、「製品要求事項」で一括りにされていたが、明確化すべきものは全てレビューの対象とされた。

③レビューは、契約や受注といった製品及びサービスを提供することを約束する行為の前に実施することが求められている。見積仕様書などで契約前に確認した内容と、契約内容が異なるような場合には、その差異について確実に解決しておくことが必要である。

④口頭による注文など顧客が要求事項を書面で提示しない時は、受諾前に十分に確認しておく。組織側が聴きとった顧客のニーズや期待を記録して示し確認を得ることなどが考えられる。

⑤変更の管理は、規格全体を通じて強化されており、重要な要求事項の変更は8.2.4として独立した。追加要求事項が生じた場合や、要求事項の変更の際にもレビューを行ない、それらの内容と対応、問題があった場合はその解決方法なども文書化した情報を変更し、保持しておく。

審査員が教える運用のポイント

　規格8.2.3.2のa）は、そのほとんどが「文書化した情報の保持」する「該当する場合」となるが、求められているのは「結果」である。最も単純なケースでは、明確にされた要求事項を受け入れたか否か、あるいは改善提案など変更を申し入れたこと等が「レビューの結果」となる。提供している製品及びサービスの特性から、レビュー検討の過程全てを文書化した情報とすることもあるが、これは組織の判断となる。b）の「新たな要求事項」があった場合は、その内容を文書化した情報として保持することが明確に示された。従来は「以前に提示されたものと異なる場合」や、「要求事項の変更」の中で扱われていたものであるが、対応の有無についてシステムの構築や現在の運用の確認をすることがポイントである。

8.3　製品及びサービスの設計・開発　**新規**
8.3.1　一般
　組織は、以降の製品及びサービスの提供を確実にするために適切な設計・開発プロセスを確立し、実施し、維持しなければならない。

■解釈と注意する点

　①JISQ9000：2015では、「設計・開発」の定義が変更された。「3.4.8 設計・開発」では、「対象（3.6.1）に対する要求事項（3.6.4）を、その対象に対するより詳細な要求事項に変換する一連のプロセス（3.4.1）」と定義されている。「対象（3.6.1）」は、「認識できるもの又は考えられるもの全て」と定義されている。その例として、「製品（3.7.6）、サービス（3.7.7）、プロセス（3.4.1）、人、組織（3.2.1）、システム（3.5.1）、資源」が示されている。要求事項は、設計・開発プロセス「以降」に提供されるものを確実にすることに焦点を当てている。また、従前の定義では「特性又は仕様書」への変換とされていたものが、「詳細な要求事項」に変更となっている点は特に注意が必要である。

　②組織が設計・開発プロセスを外部委託する場合、その運営活動を管理する責任は委託元である組織側にある。内部・外部の判断は規格4.3の決

定から導かれる。この管理は、通常、8.4で必要とされる管理の適用を明確にし、得られた設計・開発のアウトプットの適切性、有効性、妥当性を確保する必要がある。

　③既に顧客によって行われた設計・開発のアウトプットを使用する、あるいは確立した基準や方法をそのまま使用することにより製品及びサービスの提供が可能な場合は、組織による設計・開発を適用できないと判断できる。

　④これまで、設計・開発の対象は、顧客に提供することを意図した製品・サービスとされていた。しかし、①で述べたとおり、設計・開発の定義が変更されたため、対象となるものは拡がっている。例えば、製造・サービス提供のための工程設計やシステム設計も該当する。つまり、顧客が提示する仕様に基づき、どのように製品及びサービスを作り込むかという工程（プロセス）設計も、設計・開発の対象と考えられるようになった。

　もちろん、この工程も顧客の仕様に基づき製造・サービス提供が行われる場合は「設計・開発に対する責任は無い」と考えられる。一方で、工程の作り込みを自組織で行う場合は、責任が無いとは言えないだろう。そのような組織は規格8.3を活用して、責任と能力を兼ね備えていることを"アピールポイント"にする方が得策である。化学製品製造業、サービス業のように個々の製品及びサービスを実現するためのプロセスの仕様が製品・サービスの詳細な要求事項の一部を構成する場合もある。

　⑤サービス業で、サービスそのものの開発（企画）行為がある場合、原則として設計・開発プロセスを適用することとなる。

　以下にサービス業における「設計・開発」の適用例を示す。

　　1）新施設・設備の導入、改築・改装
　　　・新規店舗の設計や既存店舗の改修による新商品の取扱い
　　　・ホテルでのブライダル商品拡充のための「チャペル」増築
　　　・健診センターでの検査設備導入による診断オプションの設定
　　2）新しいノウハウ、経営技術の開発、導入
　　　・タクシー会社におけるインターネット配車サービスの導入
　　　・小売業でのインターネット販売の導入

3）人的サービスの提供の仕方の開発、導入、変更
　・イベントなど販売促進キャンペーンの企画開発
4）新規提供商品の開発、導入
　・レストラン、給食での料理メニューの企画
　・小売業での企画商品の提案

審査員が教える運用のポイント

　2008年版には、該当する要求事項はなかったが、設計・開発の適用に関する考え方を改めて示したものである。

　設計・開発は、用語の定義が変更されたことで、適用できる範囲が大きく拡がった。規格の改訂過程で作成されたドラフト版では、設計・開発を適用する場合として、"組織の製品及びサービスの詳細な要求事項がまだ確立されていない場合"また、"以降の製造若しくはサービス提供に十分であることが顧客若しくはその他の利害関係者によって明確にされていない場合"との表現があったが、最終的に採用されなかった。しかし、"以降の製造若しくはサービス提供に十分であることが顧客若しくはその他の利害関係者によって明確にされていない場合"を、「特定の顧客が製品及びサービスに対する期待、要求は認識しているものの、具体的な仕様まで示されない場合を意味する」とした表現をもとにした解釈は、「設計・開発」の定義の変更を適切に把握し、従来「適用除外」としていた運用が適切であったかどうかを判断する上でのポイントである。

8.3.2　設計・開発の計画　強化

　設計・開発の段階及び管理を決定するに当たって、組織は、次の事項を考慮しなければならない。
a）設計・開発活動の性質、期間及び複雑さ
b）要求されるプロセス段階。これには適用される設計・開発のレビューを含む。
c）要求される、設計・開発の検証及び妥当性確認活動
d）設計・開発プロセスに関する責任及び権限

e）製品及びサービスの設計・開発のための内部資源及び外部資源の必要性
f）設計・開発プロセスに関与する人々の間のインタフェースの管理の必要性
g）設計・開発プロセスへの顧客及びユーザの参画の必要性
h）以降の製品及びサービスの提供に関する要求事項
i）顧客及びその他の密接に関連する利害関係者によって期待される、設計・開発プロセスの管理レベル
j）設計・開発の要求事項を満たしていることを実証するために必要な文書化した情報

■解釈と注意する点

①個々の製品及びサービスに関する設計・開発プロセスの全体は、以下の事項を含む一連の論理的な段階で構成されている。
1）設計・開発の計画を立案する。
2）設計・開発で達成すべき内容を明確化する。（規格8.3.4参照）
3）設計・開発プロセスやアウトプットを体系的にレビューし、設計・開発のアウトプットが要求事項を満たすことをチェックする。更に結果として得られる製品／サービスが必要な内容を実際に果たし得ることを確認する。（規格8.3.4参照）
4）設計・開発からのアウトプットが、8.3.3で決定した要求事項を満たし、その製品・サービスを実現するのに適切であり、かつ必要な管理特性や合格判定基準を規定している。
5）設計・開発の結果を組織内の適切な部門や、その他の関係者に適宜伝える。
6）設計・開発の変更を管理し、その変更の内容と予想される影響を受ける可能性のある対象者に伝える。

②設計・開発の段階及び管理の決定に際しては、a）～j）を考慮することが求められている。設計・開発には、例えば、新規設計、類似設計、構想設計、詳細設計など、設計要素の大小、詳細さがあり、自ずと必要とす

るプロセスは異なってくる。これを確実にするためにa)～j)を考慮した設計・開発のプロセスを計画することが求められている。

③特に、複数の個人・グループが参加する設計・開発においては、グループ間で情報交換や意思疎通を行う方法を決め、その実施を管理する必要がある。決定したグループ間の設計・開発の責任や役割分担をグループ間で周知徹底し、決めた通りの責任・役割が果たされるよう管理することが必要となる。

④e)の「製品及びサービスの設計・開発に必要な内部資源及び外部資源」とは、8.3.2で決定する設計・開発の段階及び管理を実施するために必要な内部及び外部の資源を明確にすることである。資源とは、人的、設備的、技術的等、様々であり、それらの質的、量的な特性のことである。具体的には、設計・開発を担当する又は検証するスタッフの力量、製品評価に使用する機器などである。

〈図表8.3.2　設計・開発の段階及び管理〉

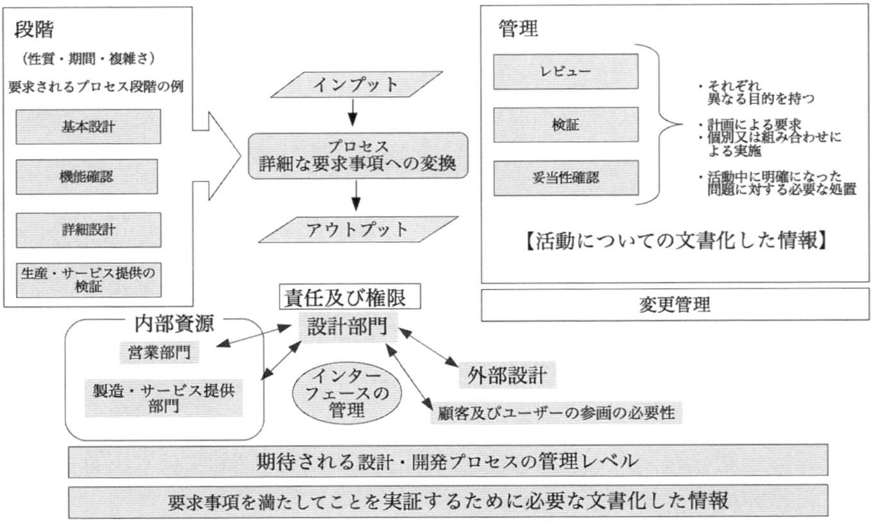

審査員が教える運用のポイント

①2008年版の7.3.1に該当するが、a)、e)、g)、h)、i) は、強化された要求事項である。またこれらの列記された内容には「該当する場合」のような選択可能性を示す修飾語はなく、全てに対応することが求められていることがポイントである。

②ただし、a)～j) の手順や文書化した情報の要求は無く、求められているのは「考慮」することであり、過剰な対応とならないことも注意点である。計画段階で具体的に考慮すべき項目が増えたことは、リスクに基づく考え方（JISQ9001：2015の0.3.3）が反映され、設計・開発起因の問題発生を未然に防ぐことが狙いとしてある。これまでの運用において考慮してこなかった項目があった場合、追加の対応が必要となるが、従来の活動において既に取り組んでいることが実証できるならば、新たな取組みが発生するものではない。

③2008年版の規格で「計画の策定」と表現されていたものは、「段階の決定」となった。2008年版の7.3.1にあった「進行に応じて、策定した計画を適切に更新しなければならない」との要求事項は、8.3.6のa) に包含され、文書化した情報の保持が要求されている。

④全体を読んだとき、「段階」と繋がりが強いものは「レビュー」であり、規格8.3.4、特に"注記"と併読することが自組織にふさわしい解釈をするためのポイントである。

8.3.3　設計・開発のインプット　　追加

組織は、設計・開発する特定の種類の製品及びサービスに不可欠な要求事項を明確にしなければならない。組織は、次の事項を考慮しなければならない。

a) 機能及びパフォーマンスに関する要求事項
b) 以前の類似の設計・開発活動から得られた情報
c) 法令・規制要求事項
d) 組織が実施することをコミットメントしている、標準又は規範
e) 製品及びサービスの性質に起因する失敗により起こり得る結果

> インプットは、設計・開発の目的に対して適切で、漏れがなく、曖昧でないものでなければならない。
> 設計・開発へのインプット間の相反は、解決しなければならない。
> 組織は、設計・開発へのインプットに関する文書化した情報を保持しなければならない。

■**解釈と注意する点**

①a）の"機能及びパフォーマンスに関する要求事項"については、受注型設計の場合、顧客によって示された要求事項のことであり、また市場提案型設計の場合は、市場調査結果、利害関係者からの情報を踏まえ組織で決定した重要特性のことである。

特に、顧客から要求の場合、その内容は具体的な内容から曖昧なものまで様々であり、組織で可能な限り、検証可能な特性に変換して示しておくことが望まれる。

②c）の「法令・規制要求事項」とは、製品及びサービスの仕様決定に関連し、守らなければならない法律や公的な決まりのことである。

③d）の「組織が実施することをコミットメントしている、標準又は規範」とは、顧客要求、法令・規制要求に加え、"組織が要求する製品・サービスの特性"のことである。製品及びサービスに対する基本方針から安全基準、設計基準など、様々のレベルのものが該当する。

④e）の「製品及びサービスの性質に起因する失敗により起こり得る結果」とは、製品及びサービスの品質特性に内在する、"基準を満たさなかった場合に生じる被害、製品及びサービスの利用者の失敗により生じる影響、使用環境の変化によって生じる可能性のある被害等"である。その起こり得る可能性、影響の重大性を考慮し、その影響を低減するための要求事項を明確にすることが該当する。

審査員が教える運用のポイント

2008年版の7.3.2に該当するが、d）、e）は新たな要求事項である。またこれらの列記された内容には「該当する場合」のような選択可能性を示す

修飾語はなく、全てに対応することが求められている。

> **8.3.4 設計・開発の管理** 追加
> 　組織は、次の事項を確実にするために、設計・開発プロセスを管理しなければならない。
> a）達成すべき結果を定める。
> b）設計・開発の結果の、要求事項を満たす能力を評価するために、レビューを行う。
> c）設計・開発からのアウトプットが、インプットの要求事項を満たすことを確実にするために、検証活動を行う。
> d）結果として得られる製品及びサービスが、指定された用途又は意図された用途に応じた要求事項を満たすことを確実にするために、妥当性確認活動を行う。
> e）レビュー、又は検証及び妥当性確認の活動中に明確になった問題に対して必要な処置をとる。
> f）これらの活動についての文書化した情報を保持する。
> 注記　設計・開発のレビュー、検証及び妥当性確認は、異なる目的をもつ。これらは、組織の製品及びサービスに応じた適切な形で、個別に又は組み合わせて行うことができる。

■解釈と注意する点

①a）の「達成すべき結果を定める」とは、計画した各段階での設計・開発のアウトプットがその時点での計画された機能、性能を満たしていることを確認しながら、設計・開発のプロセスを進捗管理することである。

②b）について"レビュー"とは、「設定された目標を達成するための対象の適切性、妥当性、又は有効性の確定」とJISQ9000 3.11.2で定義されており、8.3.2　b）で決定した段階で実施する。

③c）について"検証"とは、「客観的証拠を提示することによって、規定要求事項が満たされていることを確認すること」とJISQ9000 3.8.12で定義されている。すなわち、設計・開発の検証とは、設計・開発へのインプッ

ト(8.3.3)で明示された要求事項を設計・開発からのアウトプットが満たしていることを検証することである。

　④d)について"妥当性確認"とは、「客観的証拠を提示することによって、特定の意図された用途又は適用に関する要求事項が満たされていることを確認すること」とJISQ9000 3.8.13で定義されている。すなわち、設計・開発の検証より更に広い観点で、より現実に近い状態で設定した品質特性の妥当性を確認することである。

〈図表8.3.4　設計・開発プロセスとレビュー・検証・妥当性確認の目的〉

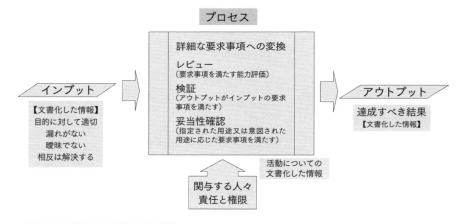

審査員が教える運用のポイント

　2008年版の7.3.4～7.3.6に該当するが、a)は新たな要求事項である。「注記」は2008年版から変更ないが、8.3.2の「段階」を明確にした運用に最も影響を与えるポイントである。

8.3.5　設計・開発からのアウトプット　追加

　組織は、設計・開発からのアウトプットが、次のとおりであることを確実にしなければならない。

a) インプットで与えられた要求事項を満たす。

b) 製品及びサービスの提供に関する以降のプロセスに対して適切である。

> c）必要に応じて、監視及び測定の要求事項、並びに合否判定基準を含むか、又はそれらを参照している。
> d）意図した目的並びに安全で適切な使用及び提供に不可欠な、製品及びサービスの特性を規定している。
>
> 組織は、設計・開発プロセスのアウトプットについて、文書化した情報を保持しなければならない。

■解釈と注意する点

①a）の「設計・開発へのインプットで与えられた要求事項を満たす。」とは、例えば、「アウトプットが、8.3.3で明確にした特性を満たしている」ということである。

②b）の「製品及びサービスの提供に関する以降のプロセスに対して適切である」とは、"（1）製造またはサービスの提供、（2）部品、資材、原料などの購入のために、（3）梱包や包装など製品の保存、（4）輸送"などに必要な又は十分な情報を提供しているという意味である。

③c）の「監視及び測定の要求事項、並びに該当する場合には、合否判定基準を含むか、又はそれらを参照している。」とは、「製品及びサービスの出来映えを検証するために必要な情報、及びその合否判定基準を明示、またはその参照情報を明示している。」という意味である。

④d）の「意図した目的及び安全で適切な提供に不可欠な、製品及びサービスの特性を規定している」とは、「製品あるいはサービスを安全に使用するため、及び適切に使用するために必要な情報をその特性を含めて明示する。」という意味である。

審査員が教える運用のポイント

2008年版の7.3.3に該当するが、「設計・開発プロセスの結果として生じた、文書化した情報を保持しなければならない。」は新規要求事項である。

8.3.6 設計・開発の変更 　強化

組織は、要求事項への適合に悪影響を及ぼさないことを確実にする

> ために必要な程度まで、製品及びサービスの設計・開発の間又はそれ以降に行われた変更を識別し、レビューし、管理しなければならない。
> 　組織は、次の事項に関する文書化した情報を保持しなければならない。
> a）設計・開発の変更
> b）レビューの結果
> c）変更の許可
> d）悪影響を防止するための処置

■解釈と注意する点

①「製品及びサービスの設計・開発の間」とは、"設計・開発の実施中"のことであり、また「それ以降」とは、"設計・開発が完了し、アウトプットした後に"ということである。設計・開発を実施中の変更も、設計・開発完了後の変更もこの要求事項の対象となる。例えば、設計・開発の実施中での変更とは、"顧客要求、法的基準の変化により設計要求事項（インプット）を見直す必要が生じた"、"設計・開発のレビュー、検証、妥当性確認の中で製品仕様を変更する必要性が生じた"のような場合のことである。

また、"それ以降の変更"とは、設計・開発を完了し製品をリリース、サービスの提供を開始したが、市場で不具合が顕在化し、製品及びサービスの仕様を変更する必要が生じたような場合のことである。

②"要求事項への適合に悪影響を及ぼさないことを保証するのに必要な範囲で特定し、レビューし、管理し、識別しなければならない"とは、このような変更の必要性が生じた場合、その変更によって又はサービスの他の部分に悪影響が出ないか、および変更によって既に顧客の手に渡っている製品との間に問題が生じないかどうかを含めてレビューし、必要な管理を適用することが求められている。

審査員が教える運用のポイント

変更の管理は、今回の規格改訂全体の中で、要求事項が強化された重要ポイントである。8.3.6はその一つであり、保持しなければならない文書

化した情報が具体的に4項目として特定された。一方で、2008年版の7.3.7にあった「変更を実施する前に承認する」との表現はなくなっている。これは8.3.2 d）により組織自身が責任及び権限を明確にし、自律的に管理することを求めているためである。「承認」という行為は特定されていなくとも、設計・開発の変更に関する責任・権限が緩和されたものではない。

> 8.4 外部から提供されるプロセス、製品及びサービスの管理
> 8.4.1 一般
> 　組織は、外部から提供されるプロセス、製品及びサービスが、要求事項に適合していることを確実にしなければならない。
> 　組織は、次の事項に該当する場合には、外部から提供されるプロセス、製品及びサービスに適用する管理を決定しなければならない。
> a）外部提供者からの製品及びサービスが、組織自身の製品及びサービスに組み込むことを意図したものである場合
> b）製品及びサービスが、組織に代わって、外部提供者から直接顧客に提供される場合
> c）プロセス又はプロセスの一部が、組織の決定の結果として、外部提供者から提供される場合
> 　組織は、要求事項に従ってプロセス又は製品・サービスを提供する外部提供者の能力に基づいて、外部提供者の評価、選択、パフォーマンスの監視、及び再評価を行うための基準を決定し、適用しなければならない。組織は、これらの活動及びその評価によって生じる必要な処置について、文書化した情報を保持しなければならない。

■解釈と注意する点

①組織の製品及びサービスの提供を実現するためにa）〜c）のような"外部から提供されるプロセス、製品及びサービス"を必要とする場合、組織の責任において、それぞれが製品及びサービスに関する要求事項を確実に満たすことができるようにするための管理を決定することが求められている。

②a）は資源の調達、b）は代行、c）は外部委託である。

③"外部から提供されるプロセス、製品及びサービス"を必要とする場合、その外部提供者について、規定要求事項を満たす能力を判断根拠として、評価し、選択し、納入実績を監視し、更に再評価のための基準を決定すること、活動と評価によって生じる処置の文書化した情報の保持が求められている。

審査員が教える運用のポイント

①2008年版の7.4.1に該当し、a)～c)が"本項の適用に対する説明"として追記された。また"アウトソース"という表現は"外部委託"と表現されるようになり、8.4の枠組みで扱われている。また、"購買"という表現もなくなり、物品購入に限定されないものであることを明確に示す表現となった。その具体的な対象としてa)～c)が示されている。

②評価の対象とされているが「外部提供者」であることに変更はないが、保持する文書化した情報で求められているものが、「評価結果」から「これらの活動」（評価、選択、パフォーマンスの監視、及び再評価）となっている。特に今回の規格改訂で焦点となっている"パフォーマンスの監視"は、システム構築や運用の見直しにおけるポイントである。「必要な処置」の文書化した情報の保持は、2008年版でも要求されていたものである。

8.4.2　管理の方式及び程度

　組織は、外部から提供されるプロセス、製品及びサービスが、顧客に一貫して適合した製品及びサービスを引き渡す組織の能力に悪影響を及ぼさないことを確実にしなければならない。

　組織は次の事項を行わなければならない。

a）外部から提供されるプロセスを組織の品質マネジメントシステムの管理下にとどめることを、確実にする。

b）外部提供者に適用するための管理、及びそのアウトプットに適用するための管理の両方を定める。

c）次の事項を考慮に入れる。

　1）外部から提供されるプロセス、製品及びサービスが、顧客要求

事項及び適用される法令・規制要求事項を一貫して満たす組織の能力に与える潜在的な影響
　２）外部提供者によって適用される管理の有効性
　d）外部から提供されるプロセス、製品及びサービスが要求事項を満たすことを確実にするために必要な検証又はその他の活動を明確にする。

■解釈と注意する点

　a）は、外部から提供されるプロセスも組織管理の範囲にあり、その責任を明確にすることを求めている。
　b）は、"外部提供者"と"外部から提供されるプロセス、製品及びサービス"の両方を管理の対象とすることを求めている。
　c）は、組織の能力に与える潜在的な影響度、及び外部提供者自身の管理能力等を考慮に入れることが求められている。
　d）で求められている"必要な検証又はその他の活動"は、その受け入れ時の検証方法を決定することであり、具体的な例として以下がある。
・全数検査／抜き取り検査
・検査成績書・証明書の確認
・納入製品と納入伝票、注文書との照合
　さらに、"外部提供者の管理"も必要であれば、管理体制、製品・プロセス管理に対する要求内容と関与の程度を決定することである。

審査員が教える運用のポイント

　①外部から提供される製品及びサービスが原因となり、組織自身のパフォーマンス低下や不良品の流出とならないための要求事項である。2008年版の7.4.2と比べて、要求事項の内容が詳細になった。
　②なかでも、a）は重要なポイントである。ここでは"プロセス"として外部委託を取り上げている。すべてのマネジメントシステムに適用される「共通テキスト」の定義において、外部委託されたプロセスは組織のマネジメントシステムの一部であることが明記されている。これを受け、

QMSにおいても、外部委託（アウトソース）は、その管理責任が組織自身にあることを明示している。このことは、4.3.3において適用範囲を決定、及び要求事項の適用可能性の判断において重要なポイントとなる。

③c）で潜在的な影響を考慮することが求められているのは、規格全体が予防的な観点から構成されたことの影響である。2008年版の7.4.1における管理の方式と程度は、購買製品がその後の製品実現のプロセス又は最終製品に及ぼす影響に応じて決めることとなっていた。これにより、プロセス、製品及びサービスに問題が生じてからの対応、つまり事後の対処や是正処置を対応の主体として取り組んできた組織もあるが、その場合、c）の内容は改めて検討する対象となる。

④d）は規格8.4.1の"パフォーマンス監視"と"必要な処置"との繋がりがポイントである。8.4.2自体には文書化した情報の要求はないが、8.4.1との繋がりにおいて活動の内容は結果として文書化した情報として管理されることになる。

8.4.3　外部提供者に対する情報　　追加

　組織は、外部提供者に伝達する前に、要求事項が妥当であることを確実にしなければならない。

　組織は、次の事項に関する要求事項を、外部提供者に伝達しなければならない。

a）提供されるプロセス、製品及びサービス
b）次の事項についての承認
　　1）製品及びサービス
　　2）方法、プロセス及び設備
　　3）製品及びサービスのリリース
c）人々の力量。これには必要な適格性を含む。
d）組織と外部提供者との相互作用
e）組織が適用する、外部提供者のパフォーマンスの管理及び監視
f）組織又はその顧客が外部提供者先での実施を意図している検証又は妥当性確認活動

■**解釈と注意する点**

①外部供給者に情報として伝達する要求事項は、外部提供者に提示する前に、組織内でその妥当性が確認されていることが求められている。

②外部から提供されるプロセス、製品及びサービスが、規定要求事項に適合していることを確実にするために、a）～f）に対する組織の要求事項を外部提供者に確実に伝達することが求められている。

"a）何を、b）どのような方法で、c）どのような人に、d）どんな管理体制で実施させ、e）どのように監視するか"について、外部提供者に明確に伝達することである。また、f）調達先や代行者、外部委託先に出向いて確認することが必要であれば、それも伝達しておかなければならない。

審査員が教える運用のポイント

2008年版の7.4.2に該当するが、d）、e）項は、新規の要求事項である。8.4.3では文書化した情報に関する要求事項はなく、伝達は組織の特性に応じた方法が採用されることとなる。

8.5　製造及びサービス提供　追加
8.5.1　製造及びサービス提供の管理

組織は、製造及びサービス提供を、管理された状態で実行しなければならない。

管理された状態には、次の事項のうち、該当するものについては、必ず、含めなければならない。

a）次の事項を定めた文書化した情報を利用できるようにする。
　1）製造する製品、提供するサービス、又は実施する活動の特性。
　2）達成すべき結果
b）監視及び測定のための適切な資源を利用できるようにし、かつ、使用する。
c）プロセス又はアウトプットの管理基準、並びに製品及びサービスの合否判定基準を満たしていることを検証するために、適切な段

階で監視及び測定活動を実施する。
d) プロセスの運用のための適切なインフラストラクチャ及び環境を使用する。
e) 必要な適格性を含め、力量を備えた人々を任命する。
f) 製造及びサービス提供のプロセスで結果として生じるアウトプットを、それ以降の監視又は測定で検証することが不可能な場合には、製造及びサービス提供に関するプロセスの、計画した結果を達成する能力について、妥当性確認を行い、定期的に妥当性を再確認する。
g) ヒューマンエラーを防止するための処置を実施する。
h) リリース、顧客への引渡し及び引渡し後の活動を実施する。

■**解釈と注意する点**

①「製造及びサービス提供の管理」において考慮すべきものは、次のとおりである。
・製品要求事項（8.2）
・規格8.1～8.4で要求されている計画の活動から得られる次のようなアウトプット
　管理計画、品質計画、スケジュール、工程図、作業指示書
・設計及び開発プロセスからのアウトプット
・購買品及び委託したサービス（外部から提供されるプロセス、製品及びサービス）
・資源
　　― 教育・訓練を受けた要員
　　― 装置及び施設、作業環境
　　― 監視機器及び測定機器

②規格8.5.1は、8.2、8.3及び8.4が対象とする運用プロセス以外のすべての運用プロセスを対象とし、対象には組織の敷地内、顧客先、その他の場所にかかわりなく、合意された製品及びサービスを実現するために必要なすべての運用を含む。つまり、引渡し、据付、輸送、引渡し後のアフター

サービス（修理・保守・メンテナンス等）といった活動も該当する。

　③　a）の「製造する製品、提供するサービス、又は実施する活動の特性、達成すべき結果」を明確にした文書化した情報は、仕様書、製品図面、作業標準書、手順書、サービス提供マニュアルなどが該当する。「利用できる」とは、必要な時に、必要な場所で、適切な情報が参照できる状態である。

　e）は、規格7.2が関連している。なお、力量を有していることの確認に関して、資格認定、資格再認定（更新）等が必要になる場合がある。

　f）の「製造及びサービス提供のプロセスで結果として生じるアウトプットを、それ以降の監視又は測定で検証することが不可能な場合」とは、製品の出来栄えなどを後の検査・検証等によって確認できない、又は確認したとしても確実な検証ができない場合である。一般的に、すべての出来栄えなどに関する要求事項を後の検査・検証等で確認することは物理的、コスト的などの観点から困難な場合もあり、多くの組織において考慮すべき事項である。プロセスの妥当性確認をどのような方法で行うかは、製品及びサービスの特性、要求事項及び当該工程（プロセス）の重要度によって変わる。例として、実機によるデモンストレーション、パイロットモデルによる確認及び初期流動管理などが考えられる。なお、プロセスの妥当性確認は、計画した初回のみではなく、経時変化、４Ｍ変動などを考慮して定期的に再確認する必要がある。再確認を「定期的」に実施することの要求は、2008年版の7.5.2にはなかった表現である点は注意が必要である。

　g）の「ヒューマンエラー」は、意図しない標準からの逸脱を防ぐ処置を求めている。人々の力量に加え、フールプルーフなどによるうっかり忘れの防止が求められている。

　h）の「製品及びサービスのリリース」については、規格8.6が関連している。また「引渡し」は、どのような形態をもって引渡しとするのか、輸送の責任区分、輸送手段、納品の形態などを明確にしておく必要がある。

　なお「引渡し後の活動」については、規格8.5.5が関連している。

審査員が教える運用のポイント

　2008年版の7.5.1に該当する要求事項であるが、7.5.2の要求事項を含め

て2015年版では一つの要求事項とされている。

　a)～h)の内容は、該当するかどうかの確認がポイントとなる。該当するかどうかは、組織が提供するプロセス、製品及びサービスの特性から判断することになる。該当しない場合、その項目は管理対象から外れることになるが、該当する場合は、必ず含めなければならない。

> ### 8.5.2　識別及びトレーサビリティ
> 　製品及びサービスの適合を確実にするために必要な場合、組織は、アウトプットを識別するために、適切な手段を用いなければならない。
> 　組織は、製造及びサービス提供の全過程において、監視及び測定の要求事項に関連して、アウトプットの状態を識別しなければならない。
> 　トレーサビリティが要求事項となっている場合には、組織は、アウトプットについて一意の識別を管理し、トレーサビリティを可能とするために必要な文書化した情報を保持しなければならない。

■解釈と注意する点

　①要求事項に適合した製品/サービスの提供とするため、各プロセスからのアウトプット種類、状態などを識別するための手段を明確にし、実施する必要がある。識別は、製品、材料、副資材、部品の名称、グレード、ロット番号などを現物表示すること、保管場所の区分によるなど、様々な方法があり得る。

　②識別とトレーサビリティは必要な場合、全過程に要求されている。未検証（未検査）のものを誤って使用したり出荷したりすることを防ぐために、製品、材料、部品などが検査（監視・測定）前、検査中、検査合格、検査不適合、検査合否保留のどの状態にあるのか、見分けできるようにする必要がある。

　③トレーサビリティの必要性は、製品及びサービス自体が有する特性に応じて決定される。トレーサビリティは、プロセスを遡ってアウトプットからインプットを特定する作業であり、そのためには検索が可能となる文書化した情報が必要になる。製品の製造、サービスの提供の過程に関わる

データを調査できる状態を確保することで、品質問題の発生時に工程を遡って原因を追求したり、問題の範囲を特定することを確実にする目的で行う。なお、サービスの提供においても、そのサービスを提供した担当者、サービスに使用した資機材などの情報を保持し、追跡を可能とすることが必要になる場合もある。

> **審査員が教える運用のポイント**

　2008年版の7.5.3に該当する要求事項である。要求内容に大きな変化はないが、識別及びトレーサビリティの対象として「アウトプット」に焦点を当てていることがポイントである。これまで「インプット」にも適用していた場合、インプットは前段階のプロセスのアウトプットであるため、言葉の変化に惑わされることなく、本質的に必要な識別及びトレーサビリティの運用管理を行うことがポイントである。

> ### 8.5.3　顧客又は外部提供者の所有物
> 　組織は、顧客又は外部提供者の所有物について、それが組織の管理下にある間、又は組織がそれを使用している間は、注意を払わなければならない。
> 　組織は、使用するため又は製品及びサービスに組み込むために提供された顧客又は外部提供者の所有物の識別、検証及び保護・防護を実施しなければならない。
> 　顧客若しくは外部提供者の所有物を紛失若しくは損傷した場合、又はその他これらが使用に適さないと判明した場合には、組織は、その旨を顧客又は外部提供者に報告し、発生した事柄について文書化した情報を保持しなければならない。
> 注記　顧客又は外部提供者の所有物には、材料、部品、道具、設備、施設、知的財産、個人情報などが含まれ得る。

■解釈と注意する点

　①「顧客又は外部提供者の所有物」は注記に示されているが、更に具体

的な例を次に示す。
― 支給品（部品、原材料、包装材料など）　― 工具、装置
― 限度見本、テストデータ　― 敷地、設備
― 依頼された修理品　― 個人情報（顧客リスト、カルテなど）
― 提供された秘密情報（漏洩してはいけない情報）
― 仕様書、設計図、ソフトウェアなどの知的財産

このほか外部提供者の所有物には、所有権が組織に帰属しないレンタル品、リース対象物などが該当する。

②クレームによって返品された製品について、所有権が顧客にある場合、顧客所有物としての管理が必要になる点は注意が必要である。

審査員が教える運用のポイント

2008年版の7.5.4に該当する要求事項である。「外部提供者」の語句が追加され、顧客のみならず、外部提供者が所有する物品、情報、版権なども考慮しなくてはならないことが追加されている。保持する文書化した情報に含むべき内容は、「発生した事柄」であることが明示された。顧客所有物に問題が発生したことを「報告した」との実施行為のみを記録の対象としていたのであれば、運用を見直す上での重要なポイントである。

8.5.4　保存

組織は、製造及びサービス提供を行う間、要求事項への適合を確実にするために必要な程度に、アウトプットを保存しなければならない。
注記　保存に関わる考慮事項には、識別、取扱い、汚染防止、包装、保管、伝送又は輸送、及び保護が含まれ得る。

■**解釈と注意する点**

①「保存」は、製品の劣化、損傷または誤用を防止する目的で、製造から製品納入までのすべての過程において、原料、資材、部品や中間製品及び完成製品に対し、「識別、取扱い、包装、保管、輸送（情報の場合の伝送）及び保護」を行う必要がある。また、サービス提供においては、提供に使

用する消耗品、情報などに対し、「識別、取扱い、包装、保管、伝送、保護」を行う必要がある。

審査員が教える運用のポイント

2008年版の7.5.5に該当する要求事項である。2008年版にあった「保存には製品を構成する要素にも適用」という記述はなくなったが、プロセスのアウトプットを対象にすることが明記されており、要求内容の実質的な変化はない。また、保存の程度を決めるための考慮事項が、要求事項への適合の維持であることも変化はない。

注記にある「汚染防止」「伝送」「輸送」のなどの例示は、保存という行為の例ではなく、適切な保存管理を行うために考慮しなければならない付帯的な状態として新たに示されたものである。製品及びサービスの特性から該当するものがある場合、要求事項への適合を維持するために必要なものであり、これまでの運用を見直す際のポイントとなる。

8.5.5 引渡し後の活動

組織は、製品及びサービスに関連する引渡し後の活動に関する要求事項を満たさなければならない。

要求される引渡し後の活動の程度を決定するに当たって、組織は、次の事項を考慮しなければならない。

a）法令・規制要求事項
b）製品及びサービスに関連して起こり得る望ましくない結果
c）製品及びサービスの性質、用途及び意図した耐用期間
d）顧客要求事項
e）顧客からのフィードバック

注記　引渡し後の活動には、補償条項、メンテナンスサービスのような契約義務、及びリサイクル又は最終廃棄のような付帯サービスの下での活動が含まれ得る。

■**解釈と注意する点**

①製品及びサービスの特性、リスクを考慮し、顧客要求事項（暗黙のニーズを含む）を満たした「引渡し後の活動」（アフターサービス）を実施しなければならない。「引渡し後の活動」は、契約、保証によるメンテナンスサービス、修理サービスのほか、最新の情報提供サービス、廃棄時の回収サービスなどの補助的サービスが含まれる。

②「引渡し後の活動」（アフターサービス）の内容を決定する場合、a）～e）の事項を考慮する必要がある。なお、法令・規制要求事項を満たすことは当然として、安全に関する事項を考慮することは極めて重要であり、これに不足があった場合、社会的な事件などに発展する可能性がある。

審査員が教える運用のポイント

2008年版では、「引渡し後」に関する組織の活動について、7.5.1に概要的な要求が規定されていたが、2015年版では、詳細化され、独立した要求事項として取り上げられた。

引渡し後の活動の程度を決定するにあたって考慮しなければならないことは、①組織が保証する期間　②組織が直接管理できない顧客の使用状況に集約される。システム運用においては、規格8.2.1、8.3.5、8.4.2 b）等との連動した管理を行うことがポイントとなる。

8.5.6　変更の管理　新規

組織は、製造又はサービス提供に関する変更を、要求事項への継続的な適合を確実にするために必要な程度まで、レビューし、管理しなければならない。

組織は、変更のレビューの結果、変更を正式に許可した人（又は人々）及びレビューから生じた必要な処置を記載した、文書化した情報を保持しなければならない。

■**解釈と注意する点**

①製造及びサービス提供の現場の状況・状態などから要求事項を満たす

ために、あるいは、事故やクレームなど突発的事象により、運用の計画に変更の必要性が生じた場合などが想定されている。このうち、現場の状況・状態などから要求事項を満たすために計画を変更せざるを得ない場合、これを適切に管理する必要がある。なお、変更の対象は、計画書、手順書、基準などがあり、規格8.1で計画した内容の変更も該当する。

　②例えば、顧客から急な納期短縮要求があった場合、通常と異なる手順で作業を実施するように変更しなければならないことがある。このような場合は、変更しても規定要求事項への適合が満足されるか否かについてレビューし、必要に応じて追加的な処置を行わなければならない。また、このときは変更を正式に許可した人、及び必要な処置について、文書化した情報を保持しなければならない。

審査員が教える運用のポイント

　変更の管理は、今回の規格改訂で、要求事項が強化された重要ポイントである。8.5.6はその一つであり、2008年版にはなかった新しい要求事項である。製造及びサービス提供の現場において、要求事項を満たすために、計画していない変更を行い、実施する場合がある。このようなケースも確実に管理し、実態とプロセス・システムが乖離しないようにしなくてはならないことを明確にしている。

8.6　製品及びサービスのリリース　追加

　組織は、製品及びサービスの要求事項を満たしていることを検証するために、適切な段階において、計画した取決めを実施しなければならない。

　計画した取決めが問題なく完了するまでは、顧客への製品及びサービスのリリースを行ってはならない。ただし、当該の権限をもつ者が承認し、かつ、顧客が承認したとき（該当する場合には、必ず）は、この限りではない。

　組織は、製品及びサービスのリリースについて文書化した情報を保持しなければならない。これには、次の事項を含まなければならない。

a）合否判定基準への適合の証拠
b）リリースを正式に許可した人（又は人々）に対するトレーサビリティ

■解釈と注意する点

①「適切な段階」とは、「受入」「工程内」「最終」「出荷」などである。それぞれの検証は要求事項を満たしていること確認するのにふさわしい方法・内容を計画し、実施する必要がある。

②製品のリリース（出荷）、サービスのリリース（提供）は、取り決めた検証が計画どおり実施され、問題なく完了した後でなければならない。

③特殊なケースとして、組織の権限をもつ者が承認し、該当する場合、顧客が承認したとき、すべての検証が完了していない段階で製品及びサービスをリリースすることが可能となる。

④保持することが求められている文書化した情報は2つの内容を含まなければならない。このうち「合否判定基準を伴った、適合の証拠」は2008年版では要求されていなかったものであり注意が必要である。

審査員が教える運用のポイント

①2008年版の8.2.4項に該当する要求事項である。今回の改訂で「運用」に関する要求事項として整理され、見出しにあった「監視及び測定」はなくなり、「リリース」の運用に焦点を当てていることが明確にされた。

8.6で示されている「検証」が、リリースに至る最終段階に限らず「適切な段階」とされている点が運用上のポイントである。

②また、「取決め」は原文で"arrangements"である。2008年版の7.1（2015年版の8.1）に相当する参照の明示はなくなったが、取り決める検証方法や内容は単一とは限らない。複数の方法や内容を組み合わせる可能性を考慮することも運用上のポイントである。例えば、サービスのリリース（提供）の場合、事前に計画されたプロセスの妥当性確認や測定方法、当該サービス提供におけるインプット、資源など、検証方法と対象の組み合わせにより、サービス提供に至る前の段階に合否判定基準との適合を確認してお

くことが該当する。このことにより、「合否判定基準を伴った、適合の証拠」の文書化した情報の作成が、サービス提供時点に限定されないよう、「適切な段階」を考慮しておくことが運用のポイントである。

　③リリースの権限に関する文書化した情報は、「リリースを正式に許可した人に対するトレーサビリティを提供しなければならない」とされ、2008年版の「リリースを正式に許可した人を明記すること」と比べ柔軟性のあるものとなった。検査記録への明記など、文書化した情報に許可者の情報を直接記載する方法のほか、検査手順、検査日報などの情報から許可者を特定できる体制を整備することでも対応できる。

8.7　不適合なアウトプットの管理

　8.7.1　組織は、要求事項に適合しないアウトプットが誤って使用されること又は引き渡されることを防ぐために、それらを識別し、管理することを確実にしなければならない。

　組織は、不適合の性質、並びにそれが製品及びサービスの適合に与える影響に基づいて、適切な処置をとらなければならない。これは、製品の引渡し後、サービスの提供中又は提供後に検出された、不適合な製品及びサービスにも適用されなければならない。

　組織は、次の一つ以上の方法で、不適合なアウトプットを処理しなければならない。

a）修正
b）製品及びサービスの分離、散逸防止、返却又は提供停止
c）顧客への通知
d）特別採用による受入の正式な許可の取得

　不適合なアウトプットに修正を施したときには、要求事項への適合を検証しなければならない。

　8.7.2　組織は、次の事項を満たす文書化した情報を保持しなければならない。

a）不適合が記載されている。
b）とった処置が記載されている。

> c) 取得した特別採用が記載されている。
> d) 不適合に関する処置について決定する権限をもつ者を特定している。

■解釈と注意する点

①「不適合なアウトプット」とは、最終製品のみならず、工程内の中間製品、仕掛品など、プロセスからのアウトプット全般を対象とすることを明確にしている。例えば、受注プロセスからの不適合アウトプット（不備のある顧客仕様書や製造指示書）、設計プロセスからの不適合アウトプット（問題のある設計図面）などである。

②重要度（「不適合の性質、並びにそれが製品及びサービスの適合に与える影響」など）に応じて、これに見合う処置を行う必要があることを明示している。処置の対象となる不適合は、組織内で検出したもの、又は製品のリリース後/サービス提供中・提供後に顧客が認めたもの（クレーム）など、あらゆるケースを含む。

③このほか、規格8.7.1 a)～d)の処理を行う必要がある。重要度が高い場合、製品の回収、サービス提供の即時停止などが必要であり、顧客への告知義務が生じる場合もある。d)項には、顧客への確認事項などが示されている。

④処理として「修正」を行った場合は、要求事項への適合を再検証（再検査）しなければならない。

⑤規格8.7.2は要求事項を満たしていないアウトプットについてa)～d)の内容を行った場合、文書化した情報を保持しなければならないことが示されている。d)で求められているのは「処置について決定を下す権限をもつ者」の特定であり、これが8.6の「リリースを正式に許可した人」と異なる場合は注意が必要である。

審査員が教える運用のポイント

2008年版の8.3項に該当する要求事項。プロセスやシステムの不適合から切り離し、プロセスからのアウトプットの扱いに焦点を当てている。

❾ パフォーマンス評価

9.1 監視、測定、分析及び評価
9.1.1 一般
組織は、次の事項を決定しなければならない。
a) 監視及び測定が必要な対象
b) 妥当な結果を確実にするために必要な、監視、測定、分析及び評価の方法
c) 監視及び測定の実施時期
d) 監視及び測定の結果の、分析及び評価の時期

組織は、品質マネジメントシステムのパフォーマンス及び有効性を評価しなければならない。

組織は、この結果の証拠として、適切な文書化した情報を保持しなければならない。

■解釈と注意する点

①箇条9のタイトルは、パフォーマンス評価。PDCAのCに相当する。パフォーマンスとは、JISQ9000：2015の3.7.8に、「測定可能な結果」と定義されており、その注記には、「パフォーマンスには、定量的又は定性的な所見のいずれにも関連し得る」とある。さらに、有効性とは、3.7.11では、「計画した活動を実行し、計画した結果を達成した程度」と定義されている。箇条6で計画した（PDCAのA）活動を箇条8で実行し（PDCAのD）、その計画した結果を評価（PDCAのC）することが箇条9の目的である。可能な限り定量的であることが望ましく、定性的な目標であったとしても、その状態を達成したかどうかについての判断は組織として明確にしておく必要がある。例えば、"あることができるようになる"という定性的目標であったとしても、結果として"できるようになったのか、ならなかったのか"については明確な結論は必要である。

②QMSが、その意図した結果を達成しているか否かを測るために監視・測定し、その結果を分析・評価して、次なる課題を明らかにすることが、箇条9のパフォーマンス評価である。

QMSのパフォーマンスを評価するために、a）項からd）項の4項目を決定することが求められている。
a）項では、何を監視・測定すれば、QMSのパフォーマンスが評価できるのか？
b）項では、どのように監視・測定し、分析し、評価すれば、QMSのパフォーマンスが評価できるのか？
c）項では、いつ監視・測定すれば、QMSのパフォーマンスが評価できるのか？
d）項では、いつ分析、評価すれば、QMSのパフォーマンスが評価できるのか？

③その結果、パフォーマンスとQMSの有効性を評価することが求められている。個々のプロセスの結果の評価が、パフォーマンスの有効性になるし、その総合評価がQMSの有効性の評価となる。例えば、品質目標のそれぞれの項目が当初の計画に対してどういう結果だったのかがパフォーマンスの有効性の評価となるし、その総合として評価すれば品質目標プロセスの有効性の評価となる。

④ここで評価した結果は、規格9.3.2 c）項のマネジメントレビューへのインプット項目になる。従って9.3.2 c）項にある1）から7）については、9.1.1 a）項で、監視・測定の対象項目となる。

⑤監視・測定の結果は、文書化した情報として保管しなければならない。

⑥なお、監視（monitoring）とは、JISQ9000：2015の3.11.3に「システム、プロセス、製品、サービス又は活動の状況を確定すること」また、測定（measurement）とは、「値を測定するプロセス」と定義（3.11.4）されている。更に確定（determination）も「一つ又は複数の特性、及びその特性の値を見出すための活動」と定義（3.11.1）されている。

第3章　JISQ9001：2015 要求事項と規格解釈

> **審査員が教える運用のポイント**

　PDCAのCに相当する箇条のタイトルが、これまでの「測定、分析及び改善」から、「パフォーマンス評価」となった。QMSを運用した結果がどうであったかを評価することが求められている。そのために箇条9は、3つの大項目に分けて評価することになる。9.1で、個々のプロセスと顧客満足を監視・測定、分析、評価し、9.2の内部監査で評価し、更に9.3のマネジメントレビューで総合的に評価する流れになっている。

9.1.2　顧客満足

　組織は、顧客のニーズ及び期待が満たされている程度について、顧客がどのように受け止めているかを監視しなければならない。組織は、この情報の入手、監視及びレビューの方法を決定しなければならない。
　注記　顧客の受け止め方の監視には、例えば、顧客調査、提供した製品及びサービスに関する顧客からのフィードバック、顧客との会合、市場シェアの分析、顧客からの賛辞、補償請求及びディーラ報告が含まれ得る。

■**解釈と注意する点**

　①「顧客がどのように受けとめているか」を知るには、規格8.2.1項で要求される顧客とのコミュニケーションのプロセスが活用できる。例えば、顧客との面談、CSアンケート（ファックス・電子メール）、インターネット調査、訪問調査、電話調査などの直接調査の方法である。その他にも売上高推移、再注文・再購入率、取引年数、契約解除・非更改率、顧客による新規顧客の紹介、市場占有率、失注率など、顧客の態度・行動についての間接調査で把握できる場合がある。

　組織の体力、営業形態あるいは顧客とのコミュニケーションのとりやすさなどを勘案し、組織に合った方法を選ぶことになる。

　②この規格9.1.2により入手した情報に基づき「製品及びサービスの適合並びに顧客満足を向上させる能力に影響を与え得る、リスク及び機会を決定し、取り組んでいる」ことは5.1.2顧客重視の要求事項である。

審査員が教える運用のポイント

　規格9.1.2は、利害関係者のニーズ及び期待ではなく、顧客のニーズ及び期待が対象である。一般的には顧客アンケートがその手法である。しかしながら、組織としてアンケート結果から抽出した顧客の受け止め方がどうであったかが不明確なケースが多い。この要求事項のアウトプットである組織の製品及びサービスが顧客のニーズ及び期待を満たしている程度、及びその変化については、QMSの改善には最も重要な事項である。効果的な手法と分析・評価が望まれる。

9.1.3　分析及び評価

　組織は、監視及び測定からの適切なデータ及び情報を分析し、評価しなければならない。

　分析の結果は、次の事項を評価するために用いなければならない。

a）製品及びサービスの適合
b）顧客満足度
c）品質マネジメントシステムのパフォーマンス及び有効性
d）計画が効果的に実施されたかどうか。
e）リスク及び機会への取組みの有効性
f）外部提供者のパフォーマンス
g）品質マネジメントシステムの改善の必要性

注記　データを分析する方法には、統計的手法が含まれ得る。

■**解釈と注意する点**

　①a）〜g）項は、データの分析及び評価によって得るべき情報である。従って、どのようなデータを分析すればこれらの情報が得られるのかを決定してデータを収集し、分析する必要がある。そして分析結果から得たa）〜g）項の情報に基づき、QMSの適切性及び有効性を確認し、適切でないまたは有効でない場合には、当然、継続的改善の可能性があることになる。

　②上記の結果は、マネジメントレビューのインプット情報として利用されるべきものである。また、規格10.3の継続的改善でも利用される。

> **審査員が教える運用のポイント**
>
> データを取得し、分析するだけ（つまり何かのグラフを作成する）でなく、その分析結果を、QMSの次の改善に生かすためにどう評価するかが重要なポイントである。

9.2 内部監査

9.2.1

組織は、品質マネジメントシステムが次の状況にあるか否かに関する情報を提供するために、あらかじめ定めた間隔で内部監査を実施しなければならない。

a）次の事項に適合している。
　1）品質マネジメントシステムに関して、組織自体が規定した要求事項
　2）この規格の要求事項
b）有効に実施され、維持されている。

9.2.2

組織は、次に示す事項を行わなければならない。

a）頻度、方法、責任、計画要求事項及び報告を含む、監査プログラムの計画、確立、実施及び維持。監査プログラムは、関連するプロセスの重要性、組織に影響を及ぼす変更、及び前回までの監査の結果を考慮に入れなければならない。
b）各監査について、監査基準及び監査範囲を定める。
c）監査プロセスの客観性及び公平性を確保するために、監査員を選定し、監査を実施する。
d）監査の結果を関連する管理層に報告することを確実にする。
e）遅滞なく、適切な修正を行い、是正処置をとる。
f）監査プログラムの実施及び監査結果の証拠として、文書化した情報を保持する。

注記　手引としてJIS Q 19011を参照。

■解釈と注意する点

①内部監査は、「確立した仕組みが要求事項に適合しているか」、「その仕組みが適切に運用されているか」、「その仕組みは有効なのか」について自ら評価する活動である。QMSの意図した結果を達成するために、組織のQMSの「適合性」と「有効性」を自らが評価する重要な活動である。

〈図表9.2.1①　内部監査の要求事項〉

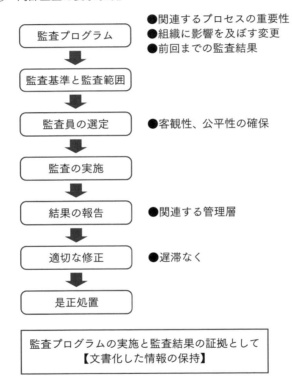

②内部監査の目的は、a）とb）である。

a）項は、「適合性」について監査することを意図している。監査基準は、QMSの規格要求事項、及び組織自身が規定したルールである。

b）項は、「有効性」について監査することを意図している。

a）項は、「ルールが規格要求に適合しているか」、「ルール通りに実施

しているか」という2つの視点の監査になる。一方、b）項は「ルール通りに実施されたことによって計画した結果が達成できているか」という監査である。すなわち、「現在のQMSは、計画した結果が達成できるようなプロセス、システム、パフォーマンスとなっているか」ということである。これらの状況に問題があるのであれば仕組みのどこに課題があるのか、を評価する。

〈図表9.2.1②　内部監査の3つの視点〉

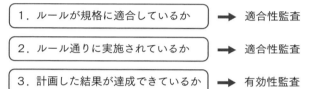

　③内部監査は、次の通り行う必要がある。
a）監査の実施頻度、監査方法、監査に関する責任及び実施計画に関するルールや、どのように報告するかを含む監査のプログラムの策定・維持する。監査プログラムは、マネジメントシステムの関連するプロセスの重要性に応じて計画を考慮すること並びに、前回までの結果を考慮して立案、実施しなければならない。
b）それぞれの監査では、今回実施する監査の基準（規格要求事項、組織の基準、顧客要求事項、認証機関のルールなど）や監査をする範囲（部署、関係プロセス）を明確にする。
c）監査の実施においては、監査内容が客観的であり、公平（利害によって圧力や手抜きの無い状況など）に行われるよう、部署と監査員の組合せを考えて選定・計画する必要がある。
d）監査の結果は、トップマネジメントなど関連する管理層に報告する。
e）監査プログラムや監査結果は、活動の証拠として文書化された情報として維持・保管する。
　④内部監査の結果について、e）項では、遅滞なく修正、是正処置を行

うことが求められており監査基準に対する結果（適合・不適合に関する所見）のうち、適合していない事象は、修正並びに是正処置を行うことが求められている。

審査員が教える運用のポイント

内部監査は、組織のQMSの改善により、QMSの意図する結果を達成するために最も重要なプロセスである。自らの改善点を見出し、対応し、QMSを成長させていく仕掛けである。

内部監査のやり方については、そのガイドラインとしてISO19011という規格がある。それも参照し、適用することが望ましい。

〈図表9.2.2　内部監査の流れ〉

1	・内部監査プログラムの策定
2	・内部監査員の育成・認定
3	・内部監査チームの選定
4	・内部監査スケジュールの策定
5	・内部監査チェックリストの作成
6	・内部監査の実施
7	・適合／不適合の検出→是正処置→フォローアップ
8	・内部監査報告書作成
9	・内部監査プロセスの有効性評価
10	・マネジメントレビューへのインプット

9.3　マネジメントレビュー
9.3.1　一般

トップマネジメントは、組織の品質マネジメントシステムが、引き続き、適切、妥当かつ有効で更に組織の戦略的な方向性と一致していることを確実にするために、あらかじめ定めた間隔で、品質マネジメントシステムをレビューしなければならない。

9.3.2　マネジメントレビューへのインプット

マネジメントレビューは、次の事項を考慮して計画し、実施しなければならない。

a）前回までのマネジメントレビューの結果とった処置の状況
b）品質マネジメントシステムに関連する外部及び内部の課題の変化
c）次に示す傾向を含めた、品質マネジメントシステムのパフォーマンス及び有効性に関する情報
　1）顧客満足及び密接に関連する利害関係者からのフィードバック
　2）品質目標が満たされている程度
　3）プロセスのパフォーマンス、並びに製品及びサービスの適合
　4）不適合及び是正処置
　5）監視及び測定の結果
　6）監査結果
　7）外部提供者のパフォーマンス
d）資源の妥当性
e）リスク及び機会への取組みの有効性（6.1参照）
f）改善の機会

9.3.3　マネジメントレビューからのアウトプット

マネジメントレビューからのアウトプットには、次の事項に関する決定及び処置を含めなければならない。

a）改善の機会
b）品質マネジメントシステムのあらゆる変更の必要性
c）資源の必要性

組織は、マネジメントレビューの結果の証拠として、文書化した情報を保持しなければならない。

■解釈と注意する点

①トップマネジメント自らが、規格4.1の「組織の目的に関連し、かつ、その品質マネジメントシステムの意図した結果を達成」するためのマネジメントシステムとして、現在の状況を把握し、評価するとともに、組織全

体の方向付けを行う活動がマネジメントレビューである。

　②「あらかじめ定められた間隔で」とはレビューの対象期間が定められている必要があるということである。規格が間隔を要求しているのは、散発的な活動やデータ収集だけでなく、一定期間のパフォーマンスの評価や分析結果を活用することを意図している。規格9.1等の結果を有効に活用することがポイントである。マネジメントレビューは、規格要求事項を満足する形であれば、通常の業務と別途に特別な場を設ける必要は無く、トップマネジメントが意思決定や指示を行う通常の会議体などを利用することも可能である。必要な情報をもとに、経営者（あるいは経営層）が判断して、指示事項を出す場合もあるだろう。規格5.1の「組織の事業プロセスへの品質マネジメントシステム要求事項の統合を確実にする」という意図からは、むしろ、このような活動に統合することも考慮した方がよい。

　③マネジメントレビューでは、インプット事項のa）〜f）に関する状況をもとにシステムの見直しをする必要がある。

a）項は、マネジメントレビューの継続性であり、前回の経営者指示事項にその後どう対応したか
b）項は、規格4.1で明確にした課題がどう変化したか
c）項は、パフォーマンス（結果）と有効性（計画が達成された程度）についてとして、
　　1）顧客満足及び利害関係者からのフィードバック
　　2）品質目標の状況
　　3）個々のプロセスと製品及びサービスの適合の状況
　　4）不適合とその是正処置
　　5）規格9.1の結果
　　6）監査には、内部監査、第二者監査、第三者監査を含む
　　7）外部提供者の状況
d）項は、QMSを維持するに必要なあらゆる資源は十分であるか
e）項は、規格6.1で選択したQMSでやるべき事項の優先順位に変化があるかどうかなど。
f）項は、QMSの改善（ISO9000：2015 3.3.1）に何をしたかについて。

④トップマネジメントによるレビューでは、アウトプット（指示事項や次期の課題）を示すことが求められている。それらには、改善の機会、QMSのあらゆる変更の必要性、必要な資源に関する決定事項を含む。「改善の機会」とは「パフォーマンスの向上のために改善できるところはあるかどうかを評価すること」と解釈する。

⑤マネジメントレビューの結果は、文書化された情報として保持しなければならない。

審査員が教える運用のポイント

マネジメントレビューの実施によってQMSが完了しないように注意が必要である。マネジメントレビューは、次のQMSの運用サイクルへの有効なインプットを形成しなければならない。従って、アウトプットにおいては、QMSに対する評価だけでなく、可能な限り、具体的な指示事項を示すことが重要である。評価だけでは次にはつながらないためである。

⑩ 改善

10.1 一般 【新規】

　組織は、顧客要求事項を満たし、顧客満足を向上させるために、改善の機会を明確にし、選択しなければならず、また、必要な取組みを実施しなければならない。

　これには、次の事項を含めなければならない。

a）要求事項を満たすため、並びに将来のニーズ及び期待に取り組むための、製品及びサービスの改善
b）望ましくない影響の修正、防止又は低減
c）品質マネジメントシステムのパフォーマンス及び有効性の改善

注記　改善には、例えば、修正、是正処置、継続的改善、現状を打破する変更、革新及び組織再編が含まれ得る。

■解釈と注意する点

①組織が顧客要求事項を満たしやすく、顧客満足を向上させる機会を積極的にとらえるために実施すべき主要な要求事項を定めている。
②"文書化された情報"の要求はない。
③改善のための機会を決定し、選択する。
④必要な処置を実施しなければならない。
⑤a）〜c）はそれぞれ改善の目的を示している。その目的の対象として、プロセス、製品及びサービス、品質マネジメントシステムを示し、決定し選択した機会と処置にふさわしいものを含めることが要求されている。

審査員が教える運用のポイント

　新規要求事項となる。2008年版の8.5.3予防処置の手順で、例えば改善提案や改善パトロールなどの手順はこの要求事項に該当する。

10.2　不適合及び是正処置
10.2.1
　苦情から生じたものを含め、不適合が発生した場合、組織は、次の事項を行わなければならない。
a）その不適合に対処し、該当する場合には、必ず、次の事項を行う。
　1）その不適合を管理し、修正するための処置をとる。
　2）その不適合によって起こった結果に対処する。
b）その不適合が再発又は他のところで発生しないようにするため、次の事項によって、その不適合の原因を除去するための処置をとる必要性を評価する。
　1）その不適合をレビューし，分析する。
　2）その不適合の原因を明確にする。
　3）類似の不適合の有無、又はそれが発生する可能性を明確にする。
c）必要な処置を実施する。
d）とった全ての是正処置の有効性をレビューする。
e）必要な場合には、計画の策定段階で決定したリスク及び機会を更新する。
f）必要な場合には、品質マネジメントシステムの変更を行う。
　是正処置は、検出された不適合のもつ影響に応じたものでなければならない。

10.2.2
　組織は、次に示す事項の証拠として、文書化した情報を保持しなければならない。
a）不適合の性質及びそれに対してとったあらゆる処置
b）是正処置の結果

■解釈と注意する点
　不適合とは、"要求事項を満たしていないこと"である。
　QMSにおける要求事項とは、

① JISQ9001の規格要求事項
② JISQ9001に基づいて組織が自ら定めた要求事項
③ 法規制による要求事項
④ 顧客からの契約による要求事項

などが例として挙げられる。
①〜④を満たしていないことが不適合ということになる。

〔不適合が検出される主な場面〕
・内部監査
・外部監査（第二者監査、第三者監査）
・マネジメントレビュー
・日常業務
・外部コミュニケーション
・内部コミュニケーション

　是正処置の実施手順は、規格が要求する10.2.1及び10.2.2の事項を含んだ手順でなければならない。
・修正処置の実施
・以下の処置を含んだ再発防止策の策定
　1）不適合のレビュー
　2）原因の特定
　3）類似の不適合の有無の確認
・とった是正処置の有効性のレビュー
・リスク及び機会の更新（必要な場合）
・品質マネジメントシステムの変更（必要な場合）
・文書化した情報の保持（是正処置の結果など）
　"予防処置"の特定の要求事項がなくなったのは、正式なマネジメントシステムの重要な目的の一つが、予防的なツールとしての役割をもつためである。規格4.1において、組織の"目的"に関連し、意図した結果を達成

する組織の能力に影響を与える、"外部及び内部の課題"の評価を要求し、更に6.1において、"品質マネジメントシステムが、その意図した結果を達成できるという確信を与えること；望ましくない影響を防止又は低減すること；改善を達成すること；に取り組む必要のあるリスク及び機会を決定すること"を要求している。<u>これらの二つの要求事項はセットで"予防処置"の概念を網羅し、かつ、リスク及び機会を見るような、より広い観点をもつとみなされる。なお、JISQ9001：2008で構築した予防処置の手順・機能がある場合は、そのまま活用してもよい。</u>

〈図表10.2①　是正処置〉

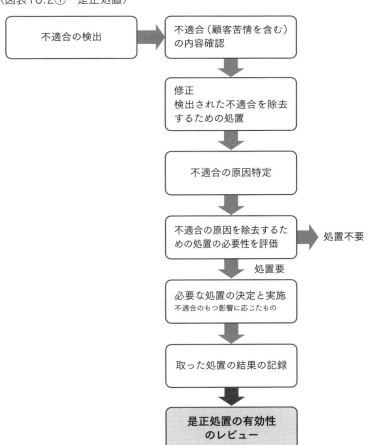

〈図表10.2②　予防処置の考え方〉

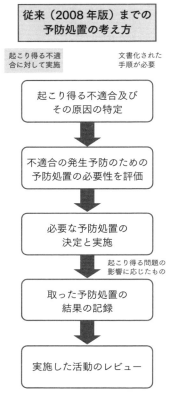

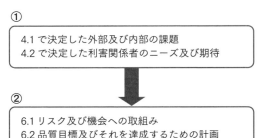

①、②の要求事項のセットが"予防処置"の概念を網羅し、かつリスク及び機会を見るような、より広い観点をもつといえる。

2015年版では、マネジメントシステムがその全体で予防処置を含むものとなり、特に、リスク及び機会の決定が予防処置の重要な部分となった。

2015年版では予防処置という規格要求事項はなくなったが、従来（2008年版）までの予防処置の手順を10.3継続的改善の中で有効活用してもよい。

審査員が教える運用のポイント

①是正処置は、PDCAサイクルの「Act」である。是正処置を実施することは、自分たちのミスを認めることになる、恥を表沙汰にすることになるなど、躊躇して是正処置を実施しない組織、あるいは上司や推進部門に報告しないスタッフが間々見かけられるが、是正処置の未実施や実施不十分で命取りになった例が多いことはよく知られている通りである。問題がある場合には、是正処置を実施する勇気をもつこと、また是正処置を実施しやすい組織風土や仕組みづくりが、勝ち残っていくための重要なポイン

トの一つであることに留意すべきである。

　②是正処置のトリガーは、組織で定めておく必要がある。例えば、QMSそのものに不備があった場合、マネジメントレビュー、内部監査、是正・予防処置などQMS上の重要な機能が自ら定めたルール通り実施されていなかった場合、原因が類似する軽度な不適合が頻発する場合などは是正処置を実施すると定めることが望まれる。そして、そのような事態が生じた場合は、"今回は特殊な事情だ"などとして不適合の除去だけで済ませず、厳格に是正処置を実施することが、QMSを飾り物にしないで、ひいては品質リスクから自組織を守ることを組織構成全員に周知する必要がある。

　③また、是正処置を実施しても、不適合原因の究明が十分でなく、不適合現象の説明をもって原因究明は終了としている組織が多数見受けられる。

　原因の究明にあっては、ほどほどに行うのではなく、自らに厳しく究明することが、再発防止に効果的であることを認識する必要がある。

　更に、是正処置が、真の原因の除去ではなく、不適合現象の"手直し"や"修正"に終わっている例も多い。是正処置すなわち不適合原因の除去であるから、原因に対応した是正処置が実施されていなければならない。

[JISQ9000：2015における不適合に関する処置に関する用語の定義]
予防処置（3.12.1）
起こり得る不適合又はその他の起こり得る望ましくない状況の原因を除去するための処置
是正処置（3.12.2）
不適合の原因を除去し、再発を防止するための処置
修正（3.12.3）
検出された不適合を除去するための処置

10.3 継続的改善

組織は、品質マネジメントシステムの適切性、妥当性及び有効性を継続的に改善しなければならない。

組織は、継続的改善の一環として取り組まなければならない必要性又は機会があるかどうかを明確にするために、分析及び評価の結果並びにマネジメントレビューからのアウトプットを検討しなければならない。

■解釈と注意する点

継続的改善は、QMSの適切性、妥当性、有効性を継続的に改善するための要求事項である。QMSの活動は、常に継続的改善に結び付けることが重要である。品質管理の仕組みを構築し、役割・責任を決め、管理策を定め、実施すればQMSが完了するわけではなく、品質目標が達成されるよう、絶えず改善活動を実施しなければならない。

品質方針、品質目標、内部・外部監査結果、監視した事象の分析、是正処置、マネジメントレビューを通じて、QMSの適切性、妥当性、有効性を継続的に改善することが重要である。

その際に、トップマネジメントがリーダーシップをとり、コミットメント（改善指示）を示すことが、品質管理対策の確実な実施やパフォーマンスの向上を図るうえで重要である。

審査員が教える運用のポイント

QMSの適切性、妥当性及び有効性を継続的に改善するとは、①QMSが組織の品質目的とぴったりとあてはまっている状態であるのかという適切性の視点、②要求事項が満たされているのかという妥当性の視点、③計画した活動が実行され、計画した結果が達成された程度という有効性の視点から適宜確認することである。

「継続的に」は、定期的にということを意図しているのではなく、ある一定の適合した状態（パフォーマンス）から改善を繰り返し行うことを意図している。

第**4**章

ISO9001：2015を活用した品質マネジメントシステムの運用

① 規格移行へ向けての準備

（1）認証規格移行スケジュールについて

　今回の2015年版の規格移行については、（ISO9001）TC176発行「移行計画ガイダンス」（2014.07）に基づく。さらに審査という観点から"IAF Informative Document – Transition Planning Guidance for ISO 9001：2015"が発行されている。これらが、移行のための基本的なガイダンスとなる。このガイダンスによれば、ISO規格改訂版が発行されてから3年後に現行版の規格が廃止されることが決まっている。よって、現在認証取得をしている組織は、現行の認証規格版が3年後にはなくなってしまうので、その前に2015年版規格への移行が必要となる。

〈図表4-1　規格改訂と移行スケジュール〉

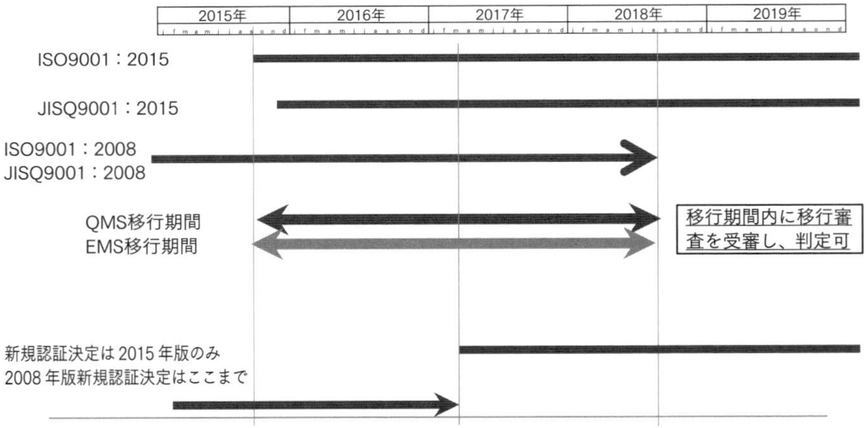

（2）認証規格の移行を完了するには

　前出のガイダンスに基づけば、認証取得組織は改訂版規格による移行審査を受審し、認証機関による「移行可」の判定を受ける必要がある。その期限は、先に述べた通り改訂版発行後3年以内である。

　移行審査は、認証サイクル内で実施される通常審査（サーベイランス（定

期維持)・更新(再認証))と同時に特別審査として実施することが基本となる。通常の審査サイクルに合わない場合は、単独の特別審査として実施される。

　なお、移行審査受審にあたっては"条件"があることに注意しなければならない。

(3) 移行審査受審するための条件について
　一般的に移行審査の受審のための条件として言われていることは、下記のようなことが多い。
1) 移行審査までに、最低3ヶ月程度の運用実績が望ましい。
　(2015年版の運用開始時期は移行審査で確認)
2) 現在の"適用範囲"の妥当性についての見直しを実施すること(適用範囲を変えることが求められているのではなく、妥当かどうか)。
3) 移行審査までに、必要な教育訓練は完了していること。
4) 移行審査までに、内部監査が完了していること。
5) 移行審査までに、マネジメントレビューが完了していること。
　なお、すでに複合審査などの統合で受審している組織は、QMSとEMSの複合移行審査も可能である(当然、QMS・EMS個別に受審することも可能)。
　通常審査＋特別審査として実施することが多いため、2015年版でのマネジメントシステム運用が必要になることは言うまでもない。つまり、審査基準を2015年版にしてマネジメントシステム審査を実施するということである。

(4) 移行にあたっての準備について
　そのための基本的な活動は一般的には下記のようなことになる。
1) ギャップ分析
・現在の版の規格と2015年版との差分確認。
・差分部分への対応方策を決定する。
2) 差分への対応を完了し、2015年版に適合するマネジメントシステム

を作り上げる。
3）2015年版に適合したマネジメントシステムの運用を開始する。
4）必要な教育・訓練を実施し、周知。
5）内部監査の実施
6）マネジメンレビューを実施し、経営者による移行完了判断

　これらの活動を効率的に実施するために、図表4-2の5つのステップを参考にしてみるとよい。

〈図表4-2　規格改訂対応の5ステップ〉

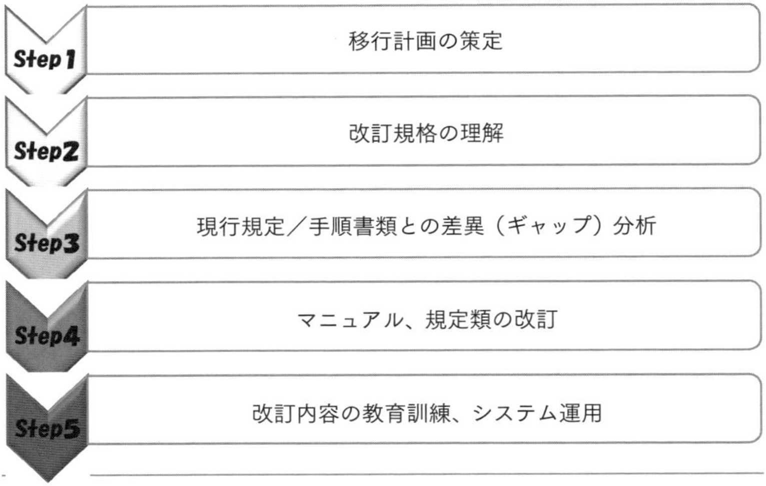

Step1	移行計画の策定
Step2	改訂規格の理解
Step3	現行規定／手順書類との差異（ギャップ）分析
Step4	マニュアル、規定類の改訂
Step5	改訂内容の教育訓練、システム運用

STEP1　移行計画の策定

　このステップでの主な活動は以下の通りである。
①審査日程の確定
・サーベイランス審査、更新審査に合わせた「移行審査」日程の確定
②スケジュール表の作成
・審査日程から逆算したスケジュール作成
③教育・研修計画
④内部監査、マネジメントレビューの計画
⑤予算計画

第4章　ISO9001：2015を活用した品質マネジメントシステムの運用

〈図表4-3　スケジュール例〉

	1ヵ月目	2ヵ月目	3ヵ月目	4ヵ月目	5ヵ月目	6ヵ月目	7ヵ月目	8ヵ月目	9ヵ月目
Step1 移行計画の策定	◎								
Step2 改訂規格の理解	→→→	→→→							
Step3 現行規定／手順書類との差異（ギャップ）分析		→→→	→→→						
Step4 マニュアル、規定類の改訂			→→→	→→→	→→→				
Step5 改訂内容の教育訓練、システム運用						→→→	→→→	→→→	→→→
教育							◎		
内部監査 マネジメントレビュー								◎	
移行審査（＋サーベイランスもしくは更新審査）									◎

STEP2　改訂規格の理解

　このステップで考慮すべきことは以下の通りである。

①構造から見たISO9001

②PDCAに沿った規格構造

③確認するポイント

④予防処置がなくなった？

⑤マニュアルは変えなければならないのか？

　本書の規格解説部分第3章を参考にして、改訂された規格の理解を深めてほしい。そのポイントしては、下記のことがある。

１．全体構造を把握する

・MSS共通テキストの構造、改訂の意図などを把握する

２．差分を把握する

・旧版と改訂版を比較してどこがどう変わったのか

３．用語の定義を確認する

・例えば、「リスク」「パフォーマンス」「文書化した情報」など

STEP3　現行規定/手順書類との差異（ギャップ）分析
　このステップでは、規格の理解を深めたうえで、現存する規定・手順書類の改訂要否を判断する。そのポイントは下記の通りである。
①（規格の）新旧の対比表を確認する（変化点を把握する）
②現行規定と変更点の差分を確認する
③現行規定に改善が必要な不足点および不明瞭点があれば、見直しを行う
　なお、この機会に、現行規定と業務手順に不整合がないか再確認することは極めて有効である。

STEP4　マニュアル、規定類の改訂
　このステップでは、STEP 3をうけて、下記がポイントとなる。
①最新版管理の徹底
②見直しの結果、改訂を行わない場合でも見直した結果の記録を残す
③必要に応じて文書/記録類の省力化（統合化、廃止等）も検討する

STEP5　改訂内容の教育・訓練、システム運用
　このステップでの考慮すべきことは以下の通りである。
①要員に対して、必要な教育の実施
・新しく規定された手順・基準や改訂された様式・帳票の使い方などを伝える
・改訂された内容について、それらを順守することの意味・意義などを含めた丁寧な教育・訓練が大切になる
②移行審査にあたり、運用状況を確認するために2015年版による内部監査、マネジメントレビューを実施すること
・内部監査を活用して、力量および認識を高めるように工夫するとよい
・マネジメントレビューでは、組織課題への対応活動進捗なども、忘れずに確認する

　移行準備は確かに改訂規格への対応ということが主眼になる。しかしながら、今回の改訂主旨からすれば"組織の事業・実務におけるレベルアッ

プに役立つ"という観点から、積極的な見直しが必要となる。このステップを進める際には、ぜひとも過去にあがった既存のマネジメントシステムに対する意見や改善要望をしっかりと取り込んでいただきたい。

【備考】「規格移行へ向けての準備」は、一般社団法人日本能率協会　審査登録センター（JMAQA）の「2015年規格移行説明会」資料を基に記述しています。他の認証機関の審査では適用されない事項が含まれる可能性があります。

❷ 効果的な内部監査のあり方

1．内部監査とは何のための活動か
（1）内部監査はマネジメントシステムの"定期的手入れ"の手段

　マネジメントシステムとは、JISQ9000の定義では、"方針、目標及びその目標を達成するためのプロセスを確立するための、相互に関連する又は相互に作用する、組織の一連の要素"とある。もっとわかりやすく、身近な日本語で表現すると、"経営管理のための仕組み"であり、企業、各種団体・機関などの組織にとってはなくてはならない"経営のための各種決め事（ルール）"である。

　マネジメントシステムは、誰の、何のための仕組みなのか。結論から言えば、「経営層のための経営管理ツール（道具）」である。経営層は、方針を示し、目標を設定し、リーダーシップを発揮し、活動にコミットメントして方針の達成を目指す。

　マネジメントシステムは経営管理のためのツール（道具）と述べた。ツール（道具）というものは、本来、定期的に手入れしないと、錆び付きや故障が発生し、期待する成果が得られなくなる。設備・機械、施設、計測器機、治具などは必ず定期的手入れを行っている。

　マネジメントシステムも定期的手入れを怠ると、錆び付きや故障が発生する。それは、惰性、形骸化、マンネリという形で現れる。従って、マネジメントシステムも必ず、定期的手入れを行わなければならない。そのためには、継続的な改善が必要であり、また、人々に対して繰り返し、繰り返し意識付け、動機付けが必要になる。こんな言葉がある。"人間の本質は怠惰、惰性である"。まさにその通りで、人は時間の経過とともに緊張感が緩み、単純ミスやヒューマンエラーが発生しやすくなるし、放っておけば難しいことよりも、楽な方を好むという傾向がある。

　内部監査は、まさに、継続的な改善の一環として実施される活動であり、内部監査を受けることが意識付け、動機付けになる。また、監査する側にとっても、他部門を監査するからには役割認識や責任感、使命感が伴わな

ければならないことから、効果的な意識付け、動機付けとなり得る。まさに、内部監査という活動は、マネジメントシステムの惰性、形骸化、マンネリの防止、あるいは、そのような状況から脱却するための効果的な"定期的手入れ"の手段といえる。

(2) 内部監査は自主的活動の自己管理のための手段

　マネジメントシステムの導入、運用は、外部から強制されたものではない。それぞれの組織の自らの意思決定によって、事業プロセスの問題・課題解決に活用している自主的な活動である。自主的な活動が意図した結果を得るためには、自己管理が必要になる。

　それは簡単に言えば、"PDCAサイクルを回す"ということになる。

　図表4-4に示すように、事業活動で意図した結果を得るためには、全社的にPDCAを回さなければならない。全社的にPDCAを回すためには、各部門においてもPDCAを回して成果を上げていなければならない。逆に言えば、各部門でPDCAが回らず、成果を上げていないにもかかわらず、全社的にPDCAが回って成果を上げることは不可能である。

　内部監査は、各監査チームが分担して各部門を監査する。内部監査員の重要な視点は、監査対象部門の中で自主的、自律的に"PDCAを回して意図した結果をあげているか？"、"状況の変化に応じた改善、必要に応じた改善が図られているか？"を検証することである。

〈図表4-4　内部監査は自主的活動の自己管理の手段〉

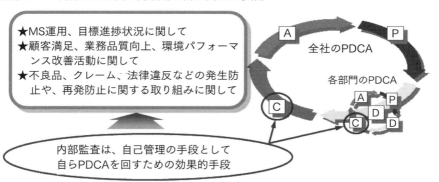

内部監査は、全社的なPDCAの"C機能"である。また、各部門にとってもPDCAの"C機能"であるとともに、同時に各部門内でPDCAが機能しているかを検証する。まさに、内部監査は自主的活動において、組織的、計画的、継続的に実施される自己管理の手段としてきわめて効果的な活動に他ならない。

（３）内部監査におけるトップマネジメントの役割
　マネジメントシステム監査のための指針であるJISQ19011では、内部監査におけるトップマネジメントの関与の重要性をこのように述べている。

> 〈解説〉3.5トップマネジメントの関与
> 　内部監査が形骸化する一つの原因は、トップマネジメントが自組織の経営のチェックに内部監査を十分に活用していないことから生じている。……

　トップマネジメントは、マネジメントレビューでマネジメントシステムが、引き続き、適切、妥当かつ有効でさらに組織の戦略的方向性と一致しているかの視点で評価し、改善の機会やマネジメントシステム、経営資源に関する変更や改善の指示を出す。そのためには、適切かつ正確な情報のインプットが必要となる。
　内部監査の結果は、トップマネジメントがマネジメントシステム全体の運用状況や各部門の活動状況及び課題などを把握する上で、重要なインプット情報といえる。トップマネジメントは、このような内部監査の役割・意義を認識し、内部監査結果について"関心"をもつことが重要である。さらに、JISQ19011では、内部監査プロセスを管理する責任者の任命を推奨しており、図表4-5に示すような内部監査体制を構築することが望ましい。

（４）2015年版における内部監査の役割
　2015年版の改訂の主要なねらいは、組織の状況として「外部及び内部の課題」及び「利害関係者のニーズ及び期待」を明確化し、それらを考慮

〈図表4-5　内部監査プロセスに対するトップのコミットメント〉

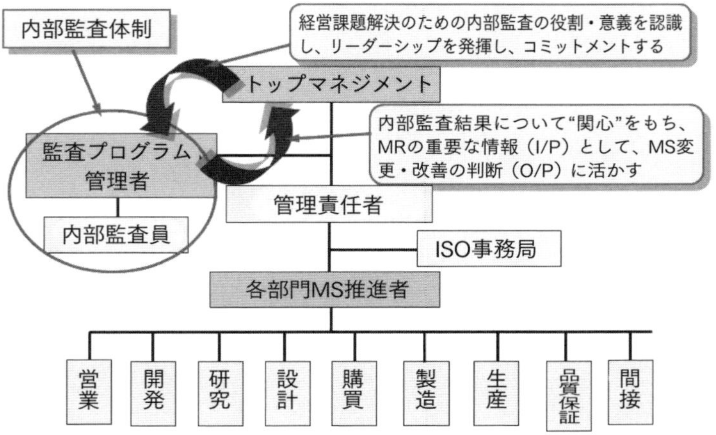

（図：内部監査体制、トップマネジメント、監査プログラム管理者、内部監査員、管理責任者、ISO事務局、各部門MS推進者（営業・開発・研究・設計・購買・製造・生産・品質保証・間接）の関係図。トップマネジメントは「経営課題解決のための内部監査の役割・意義を認識し、リーダーシップを発揮し、コミットメントする」、「内部監査結果について"関心"をもち、MRの重要な情報（I/P）として、MS変更・改善の判断（O/P）に活かす」）

して「リスク及び機会」を決定することである。決定した「リスク及び機会」に対してその取組みを計画し、事業プロセスを通じて実行されることにある。また、パフォーマンスの改善が重視され、「リスク及び機会」に対する取組みの有効性の評価や目標達成のための計画策定とその結果の評価方法の決定、箇条9「パフォーマンス評価」など、"計画に対する結果はどうなのか？"を重視する要求事項が増えている。

もう一つの主要な変更は、従来の"文書・記録"が「文書化した情報」という表現に統一されたことである。規格による特定の"文書化した手順"要求がなくなり、手順書を作成するかどうかは組織の判断による。しかし、手順の徹底や管理の確実化のためには当然必要であり、従来からの規定、手順書の多くは引き続き運用することになるであろう。その一方、必要性の不明確な"形式的規定、手順書"については、改廃の判断も必要となる。

上記の改訂により、内部監査の進め方にも見直しが必要となる。特に、下記については内部監査の実施に当たって考慮することが望まれる。
①外部及び内部の課題、利害関係者のニーズ及び期待をどのように考慮してリスク及び機会を決定しているか。さらに、その取組みがどのように計画され、その結果はどうであったのか。
②設定されている目標は適切、妥当なのか。どのような進捗状況で、目標

達成に向けてどのような進捗管理を行っているのか。結果はどうであったのか。これは、従来から「パフォーマンス監査」と位置付けられているが、さらに重要な監査となる。
③箇条9「パフォーマンス評価」結果を改善にどのように活かしているか。
④"手順書と記録の有無"だけを確認する監査から、実際の運用状況、活動内容はどうなのか。活動のプロセス、管理方法などはどのように決定されていて、その有効性、効率性はどうなのか。その確認のためには、内部監査員の力量が問われることになる。

２．内部監査の有効性を向上させるためには
（１）組織全体の内部監査をレベルアップさせるためには

　本来、内部監査は事業活動における業務課題の解決、業務品質の改善のために極めて効果的な活動である。しかし、実態は、"規格が要求しているから"、"審査で確認されるから"、"認証維持のためには仕方ない"といった姿勢で実施され、内部監査プロセスも形式的で、本来の効果が発揮されない"セレモニー的"活動にとどまっていないだろうか。

　組織全体の内部監査をレベルアップするためには、図表4-6に示すように内部監査員の役割認識・力量向上、内部監査プロセスの有効性向上、被

〈図表4-6　内部監査のレベルアップに必要な３要素〉

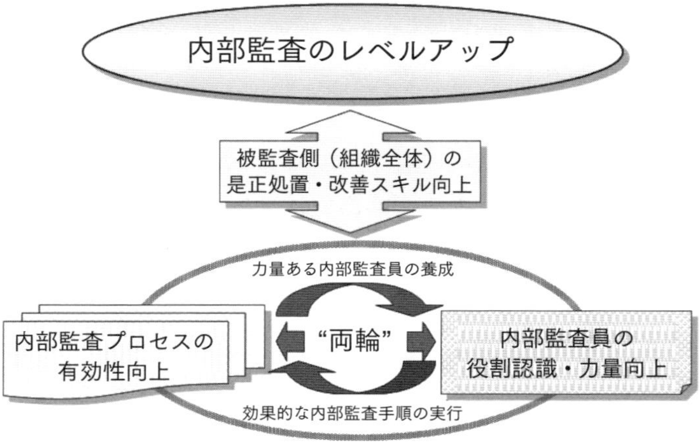

```
              ┌──────────────────┐
              │ 内部監査のレベルアップ │
              └──────────────────┘
                        ↑
              ┌──────────────────┐
              │ 被監査側（組織全体）の │
              │ 是正処置・改善スキル向上 │
              └──────────────────┘
                        ↑
              　力量ある内部監査員の養成
  ┌──────────┐                    ┌──────────┐
  │ 内部監査プロセスの│  ← "両輪" →   │ 内部監査員の │
  │  有効性向上    │                │ 役割認識・力量向上│
  └──────────┘                    └──────────┘
              　効果的な内部監査手順の実行
```

監査側の是正処置・改善スキル向上の3つの要素が重要と考えている。特に、内部監査プロセスの有効性向上は、他の2つの要素のレベルアップのためにも重要である。この項では、内部監査が本来の効果的な活動となるための内部監査プロセスの改善の方向性を提案する。

(2) ISO19011を内部監査の有効性向上に活かす

JISQ9001「9.2内部監査」では、注記に"手引きとしてJISQ19011を参照"と記載されている。JISQ19011の構造は、図表4-7の通りであり、内部監査プロセスにPDCAを機能させることを推奨している。

〈図表4-7　JISQ19011のPDCA構造〉

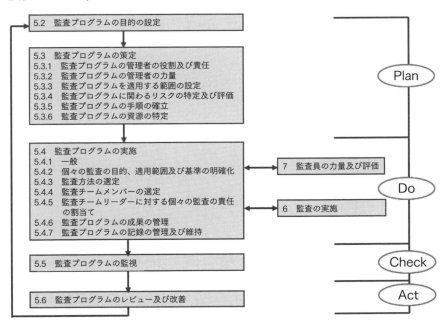

JISQ19011は内部監査プロセスの一連の流れ、管理方法、さらにPDCAを回して内部監査プロセスの有効性向上を図るための手引きを示している。各組織が作成している『内部監査手順』の中で、"手順そのものの見直し"を手順化している例は希であり、内部監査プロセスにPDCA（特にCA）

を発揮させるための手引きとして参考にしたい。

　効果的な内部監査を実施するためには、監査員の役割認識・力量向上が不可欠で、力量評価・向上のための手引きについても示している。『内部監査手順』の中で、内部監査員の資格認定基準は明記してあっても、監査員の力量評価・向上のための手順が規定されていないのが実態である。組織の中に、内部監査ノウハウの蓄積・継承をするためにも内部監査員の力量評価・向上のための仕組みづくりの手引きとして活用したい。

（３）内部監査に関連した用語解説
　ISO19011で使用されている内部監査関連の用語の定義と解説を以下に記載する。内部監査という活動の"本質"を理解してもらいたい。
①監査プログラム
　特定の目的に向けた、決められた期間内で実行するように計画された一連の監査の取り決め。わかりやすく言うと、PDCAサイクルに沿って実施される監査プロセスのことで、監査プログラムを文書化したものが『内部監査規定』と考えればよい。
②監査計画
　監査のための活動及び手配事項を示すもの。わかりやすく言うと、個々の監査を行うために定められた計画のことで、個々の監査毎の目的（監査重点項目）や日程計画、監査対象部門、監査チーム編成などが定められる。
③監査
　監査基準が満たされている程度を判定するために、監査証拠を収集し、それを客観的に評価するための体系的で、独立し、文書化されたプロセス。
　　注記１　内部監査は、第一者監査と呼ばれることもあり、マネジメントレビュー及びその他の内部目的（例えば、マネジメントシステムの有効性を確認する、又はマネジメントシステムの改善のための情報を得る。）のために、……

　重要な点は、注記１の「……マネジメントレビュー及びその他の内部目的（例えば、マネジメントシステムの有効性を確認する、又はマネジメントシステムの改善の機会を得る。）ために、……」という記述で、これが

まさに、内部監査という活動の"本質"と認識したい。
④監査基準

　監査証拠と比較する基準として用いる一連の方針、手順又は要求事項。

　わかりやすく言うと、守らなければならないルールや実行しなければならない計画事項など。具体的に言うと、方針、目的・目標、マニュアル、各種規定・手順書類、作業標準・作業指示書、各種計画書、法的要求事項、などとなる。

⑤監査証拠

　監査基準に関連し、かつ、検証できる、記録、事実の記述又はその他の情報。わかりやすく言うと、ルールを守っていること、計画を実行していることを証明するもの。具体的に言うと、記録類、測定結果、案件管理ファイル、監査員が観察した現場実態、質問に対する回答、などが当たる。

⑥監査所見

　収集された監査証拠を、監査基準に対して評価した結果。

　注記１　監査所見は、適合又は不適合を示す。

　注記２　監査所見は、改善の機会の特定又は優れた実践事例の記録を導き得る。

　重要な点は、注記２の「監査所見は、改善の機会の特定又は優れた実践事例の記録を導き得る。」という記述で、監査は単なる不適合探し（"粗探し"）ではなく、システムの有効性向上や優れた取組みを見える化するための活動であると認識したい。

⑦監査結論

　監査目的及び全ての監査所見を考慮した上での、監査の結論。

　監査結論には、被監査部門に対し監査結果が報告される『（部門別）監査報告書』と組織全体の監査結果として報告される『総括内部監査報告書』があり得る。『（部門別）監査報告書』では、部門に対する指摘事項件数・概要や監査目的に沿って、被監査部門のマネジメントシステム運用状況、有効性向上のための課題・問題について報告することになる。

　『総括内部監査報告書』は、マネジメントレビューのインプットとして内部監査結果をまとめたものである。監査目的に沿って組織全体のマネジ

メントシステム運用状況や有効性向上のための課題・問題について報告するとともに、今回の内部監査プロセス自体（内部監査員の力量含む）の評価・分析結果の報告、さらに監査プログラム（内部監査規定）そのものの評価・分析、改善すべき課題などについても報告することが望ましい。また、『総括内部監査報告書』では、必要に応じて内部監査結果を統計的手法により分析すると、内部監査プロセスの課題・問題が明らかになりやすい。

（4）現状の内部監査を振り返ってみる
　下記は、内部監査が陥りがちな状況であり、このような状況にあった場合は、内部監査プロセスの見直しを検討する必要がある。

> ①形式的な内部監査に陥っていないか
> 　内部監査は年間計画に沿って実行しなければならないが、実態は審査が近づき慌てて実施する"審査対応内部監査"に陥っていないか。
> 　各種手順書・計画書の中身の評価に踏み込まず、手順・計画の有無と、その実行結果である記録の有無の確認のみに終始していないか。
> ②内部監査員の役割認識は十分か
> 　監査は「目的」ではなく「手段」であり、経営課題の解決、業務品質改善につながるような結果を残さなければならない。その役割を十分に認識し、発揮しているか。
> ③改善に結びつく有効な指摘がなされているか
> 　認証取得から運用年数を重ねるに伴って、適合性監査から有効性監査（改善提案型監査）にウェイトシフトが図れているか。また、部門のPDCA機能を促進し、パフォーマンス向上につながるような指摘がされているか。

3．内部監査プロセスを見直す
（1）内部監査プロセスの範囲
　品質マネジメントシステム運用組織が作成している『内部監査規定』の多くは、内部監査員の資格認定基準、内部監査の計画、実施、報告・フォ

ローに関しては定められている。しかし、内部監査をより効果的な活動とするためには、JISQ19011でも推奨しているように、図表4-8のように内部監査プロセスにPDCA機能を発揮させる必要がある。

〈図表4-8　内部監査プロセスの範囲〉

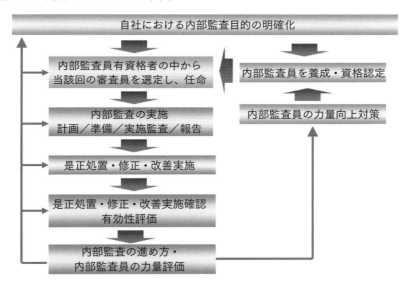

　図のように内部監査プロセスは、「自社の内部監査目的の明確化」から始まる。ただし、「9.2内部監査」に記述されている文言をそのまま目的とするのでは意味がない。重要なのは、"組織ならではの内部監査目的"の設定である。つまり、内部監査プロセスを自組織の品質マネジメントシステムの運用の中でどのように位置付けるかということである。内部監査は品質マネジメントシステムのチェック（C）機能であるから、何をチェックし、どのようなアウトプットを期待する活動なのかを明確にし、内部監査の目的に位置付けることが望ましい。

　次に重要なのは、内部監査の目的達成のためにどのような力量をもつ内部監査員が必要で、目的達成のためにどのような内部監査活動を実施するかの検討である。そして、第3に重要なのは"CA機能の発揮"、つまり内部監査実施後に内部監査のパフォーマンスを評価し、内部監査の実施方法

や内部監査員の力量に改善すべき点があれば、内部監査プロセスを継続的に改善していくことである。

（２）効果的な内部監査のために－準備段階－

〈図表4-9　一般的な「内部監査の実施」の流れ〉

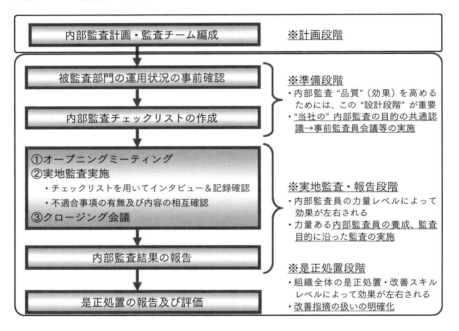

図表4-9は、一般的な内部監査の実施の流れである。図にもあるように、まず、内部監査が計画され、計画に従って実地監査が行われるわけだが、実地監査前に十分な準備をすることが望ましい。内部監査の準備段階は、製品づくりでいえば"設計段階"にあたり、"内部監査の品質"＝内部監査の成果に影響を与える重要な段階である。そのためには、『内部監査規定』で、内部監査の準備段階を明確に位置付け、実地監査前に内部監査員（またはISO事務局）が行うべき準備をできるだけ詳細に規定することが望ましい。そうしないと、何の準備もなく"ぶっつけ本番的"に内部監査が行われる可能性があり、その効果は期待できない。

内部監査の準備の中心となる作業は、チェックリストの作成である。チェックリスト作成に当たっては、次の事項が確認できるような質問項目をリスト化していくことが望ましい。

> ①適合性監査
> ・目標・計画事項、各種規定・手順、規制等の要求事項を満たしているか？
> ②有効性監査
> ・目標進捗状況の確認とともに各種計画事項、現状システムが期待する成果をあげているか？
> ・各部門内で自律的にPDCAを回して様々な改善が図られているか？
> ・現状の計画事項、規定・手順、その他システムに改善すべき点はないか？
> ③順法監査
> ・適用される法規制及びその他の要求事項が順守されているか？
> ・法規制及びその他の要求事項の適用を受ける業務・作業の管理状況に問題はないか？　改善すべき点はないか？

　特に重要な確認事項は、有効性監査の視点であり、監査対象となるプロセスでPDCAが発揮されているかを検証することが内部監査の重要な役割である。目標管理プロセスを例にとると、図表4-10に示した事例のように目標管理プロセスにおいてPDCAが発揮されているかを検証することである。目標管理プロセスにとどまらず、品質マネジメントシステムの内部監査で確認すべき対象は、教育・訓練プロセス、運用プロセス、是正処置プロセスなど、対象となるプロセスでPDCAが発揮され、必要な改善活動がなされているかに尽きる。

　チェックリストを誰が作成するかは、組織によって異なり、完全に内部監査員が作成する場合もあれば、ISO事務局が作成する場合もある。いずれにしても対象となるプロセスでPDCAが機能しているかの確認ができるチェックリストであることが望ましい。

〈図表4-10　「目標管理プロセス」におけるチェックリスト（例）〉

	質問項目
P	・現状、どのような品質課題、業務課題があるか ・品質課題、業務課題、上位目標に対して適切、妥当な目標が設定されているか ・目標達成に向けた適切、妥当な計画が作成されているか ・責任の所在、目標達成の手段、日程は適切、妥当、明確か ・前期実績をどのように反映して設定されているか
D	・目標達成のための手順書の有無、必要性の確認 ・手順書の有効性、実施状況 ・目標達成に向けて活動が進んでいるか ・目標達成に向けた内部コミュニケーションの実施状況
C	・目標の進捗状況をどのように把握し、確実に把握しているか ・把握した進捗状況をどのように評価しているか ・進捗状況の評価に応じて、どのように要因分析しているか
A	・要因分析に応じてどのように対策を検討しているか ・検討した対策の実施状況、その有効性 ・不適合に該当の場合は、その是正処置内容と有効性の評価 ・今期の目標達成見通しを来期にどのように反映させようと考えているか

（3）効果的な内部監査のために－実地監査・報告段階－

　内部監査の実地監査・報告段階は、内部監査員自身の力量が問われる段階である。内部監査員の力量については後述するが、監査基準及び監査証拠を収集するヒアリング力、問題発見・課題形成力、監査所見・監査結論をまとめる文章表現力などのスキル習得・向上が必要となる。そのためには、どのような状況（階層、実務年数、実務経験者など）の要員を内部監査員候補者とし、必要な力量をどのように習得させ、さらに力量向上させるためにどのような教育・訓練などを実施していくかが重要である。

　実地監査・報告段階の流れを図表4-11に示す。実地監査では、監査基準と監査証拠を比較し、監査所見を判断する。監査所見は適合、不適合、改善の機会（観察事項、推奨事項）の区分が一般的で、指摘事項として文章にまとめることになるが、その際、次の記述要件を満たす必要がある。その理由は、指摘事項の文章は被監査側に理解されることが必須であり、さらに、マネジメントレビューのインプットでもあるので、ISO事務局や管理責任者、トップマネジメントにも文章を読んで理解できるような記述でなくてはならないからだ。

【不適合の場合】

①監査基準

　品質マニュアル他品質マネジメントシステム文書の規定を明確に記述

②不適合の状況

　「…をしていない。」「…がなされていない。」

③客観的証拠

　監査後に実証できる事実を裏付ける具体的な文書・記録名称など

④不適合レベル

　重大/軽微など

【改善の機会の場合】

①現在の状況

　被監査側の運用、活動、管理状況はどのようであったか

②現在の状況の課題

　現在の状況にはどのような課題、懸念、危険性などがあるか

③改善のための提案

　どのように改善する必要があるかの方向性を提案する

〈図表4-11　情報の収集及び検証のプロセス〉

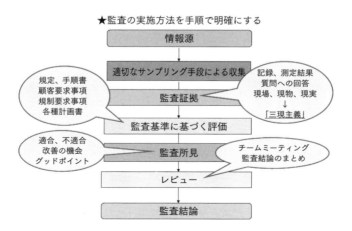

品質マネジメントシステムの運用年数が長くなる程、適合性のみを確認する監査から、パフォーマンス改善に結びつくような有効性をより高めるための監査に重点を移すことが重要であると前に述べた。有効性をより高められるような監査所見とは、どのような指摘なのか、その例を次に示す。これは、効果的な内部監査を実施している、ある組織の実例である。

> ……を手順化し、運用されることを推奨します。
> ……を定期的に評価する手順とする等、見直すことをお勧めします。
> ……の評価基準が明確になっていないので手順書に織り込み明確にされてはどうでしょうか。
> ……実務実態と手順が整合していない。実態に合った手順に修正の必要がある。
> ……の総合判断基準が明確になっていないので、判断基準を明確にすることを推奨する。
> ……自部門の業務分担・責任を明確化し、管理文書化することでQMSの改善を図ることをお勧めします。
> ……の記録が確認できなかったので、記録として確認できるように、記録管理方法の改善を提案する。
> ……のクレームが発生した場合、再発防止のため文書化、回覧等で見える化、情報共有化を図ることが望ましい。

(4) 効果的な内部監査のために－是正処置段階－
　不適合や改善の機会の指摘を受けた被監査側は、必要な是正処置または改善を実施することになる。図表4-6に示したように、組織全体の内部監査をレベルアップするために必要な3要素があり、その中でも、是正処置段階は組織全体の是正処置・改善スキルを高めるために重要な段階である。そのためには、図表4-12に示すように、是正処置及び改善内容を評価し、特に是正処置については、不十分な場合は再検討を要求することを手順化したい。改善の機会（観察事項）の場合は、被監査側の判断で実施の可否及び改善内容が決定されるが、改善実施報告だけでなく、改善実施しない

〈図表4-12　是正処置・改善実施のフォローの流れ〉

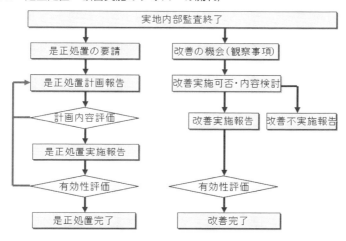

〈図表4-13　内部監査プロセスの有効性評価チェックリスト例〉

評価区分	評価項目	評価
計画準備	・"当社の"内部監査の目的、事業活動における位置づけが明確になっているか？	
	・内部監査員（候補者含む）の力量基準が明確化され、それに応じた養成方法が手順化されているか？	
	・監査リーダー、監査員の力量基準、役割・責任・権限が明確になっているか？	
	・内部監査の重点監査ポイントを明確化し、事前説明会などで監査員に徹底する手順になっているか？	
	・被監査部門の運用状況及び前回監査の状況を事前確認する手順になっているか？	
	・チェックリストは、被監査部門の運用状況及び前回監査の状況を考慮して、監査チームが事前打合せなどを通じて作成する手順になっているか？	
監査実施	・内部監査実施の進め方、留意点などが記述されているか？	
	・チェックリストの具体的使い方（質問、記録）の記述や、場合によってはフレキシブルに質問して、問題を掘り下げるなどの重要ポイントが記述されているか？	
結果報告フォロー	・監査員が判断しやすいように監査所見が「不適合」、「改善提案」、「グッドポイント」のように明確な区分になっているか？	
	・「是正処置要求（改善提案）書」の書き方やその留意点が記述されているか？	
	・被監査側からの「是正処置回答（改善対策）書」を監査チームが評価し、内容によっては被監査側に再検討を求めることができるか？	

場合もその理由については報告をする手順とすることが望ましい。適合性監査から有効性監査に重点を移していくためにも、改善の機会（観察事項）の指摘とそのフォローを重視した内部監査プロセスにステップアップしていく必要がある。

　図表4-13に、内部監査プロセスの有効性を評価するチェックリストを示すので、チェック項目に沿って評価し、その結果を内部監査プロセスの有効性を高めるために活用していただきたい。

４．内部監査員の力量を向上させる
（１）内部監査員としての力量の獲得
　マネジメントシステム監査のための指針であるJISQ19011では、内部監査員の力量の習得方法についてこのように述べている

7.2.4　監査員の力量の獲得
　監査員の知識及び力量は、次の組合せによって獲得し得る。
①監査員が監査を行おうとする分野及び業種のマネジメントシステムにおける知識及び技能の開発に資する公式な教育/訓練並びに経験。
②共通の監査員の知識及び技能を対象とする訓練プログラム。
③判断、意思決定及び問題解決の実行、並びに管理者又は専門家、同僚、顧客及びその他の利害関係者との意思疎通に関与する、関連する技術的、管理的又は専門的職位での経験。
④同じ分野の監査員の監督下での監査経験。

---

　①、②は、教育研修機関などが開催、または講師派遣による社内（オンサイト）教育として実施する「内部監査員養成セミナー（研修）」が該当する。Off-JTによる教育であり、内部監査員としての基礎的な知識及び技能を習得するためには必須の教育訓練である。

　適合性の確認だけであれば、①及び②だけで内部監査員としての活動ができるかもしれないが、組織の品質マネジメントシステムの継続的改善、パフォーマンス改善に貢献する有効性監査を実施するには必ずしも十分な

力量は身につけられない。有効性監査を実施するために重要となるのは、③を通じた実務経験が非常に重要である。監査員個人が、これまで、どのような業務の工夫・改善を図ってきたか、関係者と協働してどのような問題解決、意思決定をしてきたか、管理者または専門家としてどのような実務経験、専門知識・技術を身につけてきたか、………が問われる。

　従って、内部監査員を資格認定する前に、どのような要員（内部監査員としての適格性もつ要員）を内部監査員候補者とするかが、まず重要となる。

(2) 内部監査員に必要なスキル
　JISQ19011では、内部監査員の力量を評価する場合の考慮事項として次のように述べている

> **7　監査員の力量及び評価**
> **7.1　一般**
> 　監査プロセス及びその目的を達成するための能力に対する信頼は、監査員及び監査チームリーダーを含む、監査を計画し、実施する人の力量に依存する。力量は、個人の行動、並びに教育、業務経験、監査員訓練及び監査経験によって身に付けた、知識及び技能を適用する能力を考慮することが望ましい。…………

　この中で、「個人の行動」とは、内部監査員個人の"人格"とまでの大袈裟なことは言わないが、内部監査員に必要な"人柄"といえる。それは、図表4-14に示す13項目である。

　中でも、「観察力」、「知覚が鋭い」、「決断力」は、内部監査員として欠かせない行動の3大要素"である。

> 観察力がある。
> 　……つまり、被監査側の状況、活動をよく見る、よく話を聞く。
> 知覚が鋭い。
> 　……つまり、よく見て、よく話を聞いて、不適合や改善すべき問題、

あるいは疑問点・不明点に気づく。

決断力がある。

……つまり、気づいた不適合や改善すべき事項を決断し、論理的な理由付けや客観的な分析に基づいて、指摘事項としてまとめる。

〈図表4-14　内部監査員に必要な行動〉

- 倫理的である。すなわち、公正である。信用できる。誠実である。正直である。そして分別がある。
- 心が広い。すなわち、別の考え方又は視点を進んで考慮する。
- 外交的である。すなわち、目的を達成するように人と上手に接する。
- 観察力がある。すなわち、物理的な周囲の状況及び活動を積極的に観察する。
- 知覚が鋭い。すなわち、状況を認知し、理解できる。
- 適応性がある。すなわち、異なる状況に容易に合わせることができる。
- 粘り強い。すなわち、根気があり、目的の達成に集中する。
- 決断力がある。すなわち、論理的な理由付け及び分析に基づいて、時宜を得た結論に到達することができる。
- 自立的である。すなわち、他人と効果的なやりとりをしながらも独立して行動し、役割を果たすことができる。
- 不屈の精神をもって行動する。すなわち、その行動が、ときには受け入れられず、意見の相違又は対立をもたらすことがあっても、進んで責任をもち、倫理的に行動することができる。
- 改善に対して前向きである。すなわち、進んで状況から学び、よりよい監査結果のために努力する。
- 文化に対して敏感である。被監査者の文化を観察し、尊重する。
- 協働的である。すなわち、監査チームメンバー及び被監査者の要員を含む他人と共に効果的に活動する。

〈図表4-15　内部監査員に必要なスキル〉

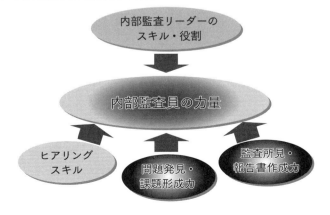

前記の内部監査員として欠かせない行動の"3大要素"を実践するためには、図表4-15のようなスキルの向上が必要となる。特に、内部監査リーダーの場合は、リーダーとしての付加的役割、スキルが必要となる。
（3）内部監査員の力量をどのように評価するか
　JISQ9001「7.2　力量」では、下記のように力量の習得を求めている。

> **7.2　力量**
> 　組織は次の事項を行わなければならない。
> ａ）品質マネジメントシステムのパフォーマンス及び有効性に影響を与える業務をその管理下で行う人（又は人々）に必要な力量を明確にする。
> ｂ）適切な教育、訓練又は経験に基づいて、それらの人々が力量を備えていることを確実にする。
> ………………

　内部監査も、品質マネジメントシステムのパフォーマンス及び有効性に影響を与える業務に位置付けて、内部監査員に必要な力量を明確にすることが望ましい。一般的な組織の『内部監査規定』では、内部監査員の養成方法として、"……2日間の内部監査員養成研修を修了した者を管理責任者が資格認定する。……"と、わずか1～2行で定められているのが実態である。

　図表4-16に、内部監査員候補者、内部監査員、内部監査リーダーそれぞれの力量基準事例を示す。その中にあるように、資格認定基準だけでなく、内部監査員の力量向上のための課題明確化や力量向上対策検討のためにもパフォーマンス評価基準を設定することを推奨する。評価基準は、定量評価が望ましいが、管理責任者または内部監査統括責任者による定性評価でもよい。定性評価の例として、図表4-17に内部監査員の力量評価チェックリストを示す。

〈図表4-16　内部監査員の力量基準例〉

内部監査員候補者	◆ある階層、または実務経験年数などを目安として候補者とする ◆実務（管理職）経験を通じて、内部監査の目的を達成できる力量を有している ◆「個人の行動」についても概ね備えていると判断できる
内部監査員	※資格認定基準 ◆社外教育機関の専門講師による養成研修の受講（下記内容を含む） 　－規格の"意図"、要求事項の概要を理解している 　－内部監査の目的、内部監査の役割を認識している 　－模擬監査を通じて内部監査の進め方を実感している ※監査パフォーマンス評価基準 ●監査基準の把握、監査証拠との比較による適合性評価ができている ●不適合、改善提案を監査所見としてわかりやすく指摘、報告できている（指摘件数） ●内部監査メンバーとして、内部監査リーダーに協力して監査目的を実行できている
内部監査リーダー	※資格認定基準 ◆内部監査員として3回以上の監査の経験がある ◆内部監査員レベルアップ研修の受講 ◆過去の監査活動において、適合性評価が確実にでき（不適合の指摘件数実績）、改善提案ができている（提案件数） ◆「個人の行動」について、多くの項目を具備していると判断できる ※監査パフォーマンス評価基準 ●被監査部門の運用状況、課題・問題を含む適切な内部監査報告書が作成できる ●被監査側の是正処置の有効性が評価できる（再検討依頼件数） ●内部監査チームのリーダーとしてリーダーシップを発揮できる

〈図表4-17　内部監査員の力量評価チェックリスト例〉

評価区分	評価項目	評価
監査の進め方	・主体的に監査を進めることができているか（仕切れるか）？	
	・監査をスムーズに進め、設定された時間内に完了することができているか？	
	・文書や記録の提示を求めるなど、可能な限り客観的証拠（エビデンス）に基づいた監査ができているか？	
	・冷静で客観的、優れた取組みには評価コメントを伝えるなど良好なコミュニケーションを維持しながら監査を進めることができているか？	
質問の仕方	・わかりやすく、論理的で具体的な質問ができているか？	
	・要求事項に対する適合性だけでなく、5W1Hの質問を駆使して、被監査側の業務改善や管理レベル向上に資する改善の機会を抽出するような質問ができているか？	
	・聞き役に徹し、被監査側からの回答など豊富な情報を入手しようとしているか？	
	・監査の終盤では、「不適合」、あるいは「改善提案」の結論を判断できるような的を射た質問ができているか？	
監査結果の判断	・適切、妥当な指摘（不適合、改善の機会）の判断ができているか？	
	・指摘内容はわかりやすく、論理的で被監査側に理解されているか？	
	・被監査側に遠慮することなく、自己が判断した指摘区分と指摘内容を被監査側に毅然として伝えることができるか？	

(4)内部監査員の力量向上のために－"改善マインド"をもつ

　組織全体の内部監査をレベルアップするためには、内部監査員の役割認識・力量向上、内部監査プロセスの有効性向上、被監査側の是正処置・改善スキル向上の3つの要素が重要であると前述した。中でも、内部監査員が役割を認識し、力量を向上するためにも、内部監査員自身に"改善マインド"がなければ、改善すべき問題の発見やその解決方法の提案はできない。

　そのためには、図表4-18に示すように、内部監査員が"あるべき姿"を描けるかどうかがポイントとなる。

〈図表4-18　"あるべき姿"を描く〉

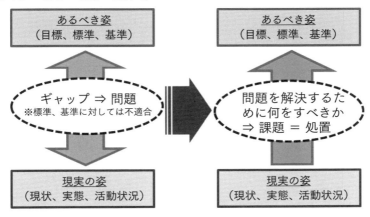

　「問題」とは、"あるべき姿"と"現実の姿"とのギャップと定義され、問題を解決するためには何をなすべきかが「課題」であると言われている。つまり、問題発見のためには"あるべき姿"を描くことが必要であり、問題解決のためには"現実の姿（現状）"をどのように"あるべき姿"に近づけていくか（＝課題）を明らかにできなければならない。内部監査が真に効果的な活動とするためには、一人でも多く"あるべき姿"が描ける内部監査員の養成が求められる。

　では、"あるべき姿"はどのようにすれば描けるか、それは前述したように実務経験が非常に重要である。監査員自身が、これまで、どのような業務の工夫・改善を図ってきたか、関係者と協働してどのような問題解決、

意思決定をしてきたか、管理者または専門家としてどのような実務経験、専門知識・技術を身につけてきたか、その経験があるからこそ"あるべき姿"が描けるのである。

　【効果的な内部監査のあり方】の最後に、問題発見・解決に必要な"改善マインド"を下記に示す。このようなマインドを持った内部監査員を養成していくことが望まれる。

> 問題意識……"あるべき姿"と"現実の姿"のギャップを客観視しようとする心のもち方
> 危機意識……このままだと大きな問題になると認識し、対処しようという自覚
> 当事者意識……被監査側の問題解決を"他人事"と考えず、"自分事"と認識して対処しようという姿勢
> 目的意識……"あるべき姿を"ゴールとして、問題解決、課題達成に取り組む姿勢

❸ 効果的な教育・訓練のあり方

1．2015年版規格の教育訓練のポイント

（1）"現場力"を高める

　1990年代のバブル崩壊以降の日本企業の経営課題として、"現場力の強化"が常に上位に位置付けられている。"現場力の低下"の要因としては、コストダウンや効率性の追求、現場のリストラ、現場作業の子会社化・外注化、コミュニケーション低下、熟練技術者・技能者の退職、などが指摘されている。

　それでは、そもそも"現場力"とは何なのだろうか。簡単に言うと、事業（生産・サービス提供）現場における自主的、自律的な問題発見・解決能力ということになる。現場から離れた（知らない）企画・管理部門が問題を発見して解決するのではなく、現場が自ら高い問題意識により現場での問題点を見える化し、自ら改善努力する能力及び活動、現場風土と言えるであろう。決められたことを淡々とこなすだけではなく、常に問題意識を持って改善していく現場こそが、企業の競争力の源泉と言える。

（2）2015年版規格の教育・訓練はパフォーマンス重視

　2008年版規格から、2015年版における「力量」習得の対象が、下記のように変更された。

> JISQ9001：2008　6.2.1　力量、教育・訓練及び認識
> <u>製品要求事項への適合に影響がある仕事に従事する要員</u>は、……力量がなければならない。

> JISQ9001：2015　7.2　力量
> 組織は、次の事項を行わなければならない。
> 　a）品質マネジメントシステムのパフォーマンス及び有効性に影響を

> 与える業務をその管理下で行う人（又は人々）に必要な力量を明確にする。
> ｂ）適切な教育、訓練又は経験に基づいて、それらの人々が力量を備えていることを確実にする。
> …………

　つまり、「製品要求事項への適合」のための教育・訓練から、品質マネジメントシステムのパフォーマンスや有効性をより高めるための教育・訓練の必要性も検討することが求められている。これは、PDCAに当てはめると、計画（P）したことを確実に実行（D）するための教育・訓練に加え、計画（P）・実行（D）した状況を評価・分析（C）し、パフォーマンスや有効性をより高め（A）、計画事項（P）の見直しに反映させるために必要な力量を明確にし、その力量を備えるための教育・訓練の検討が必要ということになる。

２．教育・訓練体系を見直す
（１）CAP機能発揮のための教育・訓練の必要性
　現状の品質マネジメントシステム教育・訓練体系はどのようであろうか。"体系"と言えるような形で明確になっていないかもしれないし、業務・作業の実行（D）のための力量習得のみにとどまっていないだろうか。"現場力の強化"のためには、D機能発揮のためだけでなく、CAP機能発揮のための力量を高めていく必要がある。
　また、力量習得の手段はどうであろうか。業務・作業の実行（D）のための教育・訓練の場合は、上司→部下、または先輩→後輩のOJT（On the Job Training：職務を通じた教育・訓練）が中心となっているのではないか。もちろんOJTは、職務遂行に必要な手順や知識・技能・能力が実践的に指導、習得でき、極めて効果的であり、組織にとって重要な経営資源の一つである固有技術・技能の伝承のためにも、なくてはならない教育・訓練の手段である。しかし、指導を受ける側にとって、指導する側の知識・技能・能力を超える教育・訓練成果は望めない。

従って、"現場力"をより高めていくためにも、2015年版に対応した教育・訓練体系の見直しのポイントは、CAP機能発揮のための力量向上策の検討である。その手段として既存OJTに加え、Off-JT（Off the Job Training：職務を離れた教育・訓練）の実施により、図表4-19に示した力量の向上をぜひ検討してもらいたい。

〈図表4-19　"現場力"向上のためにはCAP機能の力量向上が必要〉

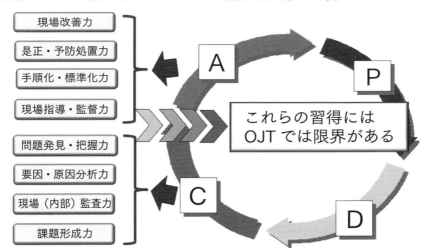

（2）Off-JTの利点は何か

　人事・階層別教育分野や部門別固有能力・知識習得、共通のビジネススキルアップ分野などでは、セミナー、研修受講などのOff-JTが広く活用されている。しかし、品質マネジメントシステムの運用や有効性向上、そして2015年版が重視しているパフォーマンス向上のために、Off-JTがあまり活用されていないのが実態ではないだろうか。

　ここで、改めてOJTとOff-JTの理解のために、図表4-20に、メリット・デメリットをまとめて示す。

　図表4-20のように、OJTには様々なメリットがあるが、最大のデメリットは職務能力（日常業務のための実務能力）習得中心で改革、改善スキル等の指導には限界がある点である。これに対してOff-JTにも、費用がか

〈図表4-20　OJTとOff-JTのメリット・デメリット〉

	内容	メリット	デメリット
OJT	目的： 職務遂行に必要な知識やスキルの取得 方法： 実際の仕事を通して指導する 指導者： 上司・先輩など	1. 費用がかからない 2. 理解度に応じた細かい教育が可能 3. 実践的な知識やスキルを確実に習得できる 4. 教える側の知識・スキルの向上も図れる 5. 上司・先輩と部下・後輩間のコミュニケーションの向上が図れる	1. 指導者の指導能力に依存する 2. 指導者の知識・スキルを超える成果は望めない 3. 場当たりでなく周到な計画が必要 4. 日常業務が優先され、教育が後回しになる 5. 職務能力（力量）習得中心で改革、改善スキル等の指導には限界がある
Off-JT	目的： 職務能力・専門性をより高めるために必要な知識やスキルの習得 方法： 研修、セミナー参加など 指導者： 専門の講師など	1. 専門講師による専門的な知識の習得が可能 2. 大人数に対する集合教育が可能 3. 日常業務から離れ教育訓練に集中しやすい 4. OJTでは指導が難しい改革、改善スキル等の専門講師による指導が受けられる	1. 費用がかかる 2. 課題に即した教育の選別等の計画が必要 3. 受講者の意識に左右され、知識が必ずしも実務に活かされるとは限らない 4. 習得した知識を確実に実務に活かすには、できる限り実践的な教育であることが重要 ⇒講師派遣研修

かる、受講者の意識に左右され必ずしも実務に活かされるとは限らないなどのデメリットはある。しかし、OJTでは指導が難しい改革、改善スキル等について、外部の専門講師からの指導が受けられることが最大のメリットである。それによって、それぞれの組織の中に、従来なかった新たな知識や意識、考え方が導入され、品質マネジメントシステムのパフォーマンスや有効性を高められる"現場力"が醸成されるのである。

（3）教育・訓練体系を見直す

　2015年版規格に対応し、品質マネジメントシステムのパフォーマンス及び有効性を高めるために、以下のような教育・訓練体系の見直しを提案する。

①力量基準及び力量習得手段を見直す

現状の「力量基準」及び「教育・訓練計画」が、職務能力習得に加え、パフォーマンス改善につながる内容が含まれているかを検証する。その上で、職務能力習得に加えパフォーマンス改善のために必要な力量の設定とそのための手段（OJTまたはOff-JT）を明確にする。

②OJTの実施方法を見直す

１）OJT指導者の育成

OJTは、指導者の保有知識・スキルを超える教育・訓練成果は望めない。また、教え方の得手・不得手によってもOJT対象者の習得度にばらつきが発生するため、適任のOJT指導者を選任するとともに、上司・先輩などOJT指導者の指導スキル・ノウハウを高めるための基準・評価方法の確立の上、必要な教育を実施する必要がある。

２）計画的OJTの実施

OJTを通じた明確な力量習得目標及びその計画がなされていないと、"場当たり的"OJTにとどまり、成果が得られないばかりか、日常業務が優先され教育が後回しになる。計画的なOJTの推進が望まれる。

３）OJT支援ツールの整備

OJT指導者によって指導レベルのばらつきが起きないように、また指導者の負担軽減のために「指導マニュアル」や「指導用資料」などを整備する。

③CAP機能促進のためのOJTとOff-JTの連携をはかる

OJTは、引き続き日常業務に必要となる力量習得の有力手段であるので、上記のようなOJTの実施方法を見直してより効果的なOJTの推進を目指す。その上で、品質マネジメントシステムのパフォーマンス及び有効性を高めるためのCAP機能向上のための教育・訓練手段が課題となる。D機能に加え、CAP機能の向上を図り、現場の自主的、自律的問題解決能力（＝現場力）を高めるためにもOff-JTの活用が重要であり、OJTとOff-JTの効果的な連携が望まれる。

❹ ISO9001が求めるリスクの決定と対応

１．リスク及び機会とは

　品質のリスクの決定と対応を考えるうえで、ここで改めて「リスク」とは何かについてから考察を始めたい。

①Riskは"勇気を持って試みる"こと

　「リスク（Risk）」は、イタリア語のrisicare（リジカーレ）に由来し、「勇気を持って試みる」という意味である。これは受動的に脅威を受けるというよりも、自ら能動的に未来を選択するという、ポジティブな意味である。

　大航海時代には現在のイタリアのアマルフィ、ピサ、ジェノヴァ、そしてヴェネツィアの４大海洋都市が、海上貿易により莫大な富を生み隆盛と栄華を誇っていた。反面、沈没・座礁や海賊による強奪などのリスクも大きく、貿易に出た船が帰って来られないこともしばしばだった。まさにこんな時代だからこそ"危険を冒してでも海上に乗り出す"という意味の言葉が必要であったのだろう。

　余談になるが、後年ロンドンにて、船主たちが集っていたロイズ珈琲店より船舶保険業務が生まれ、リスクを扱う保険の仕組みが始まったというのはあまりにも有名な話である。

　現代では「リスク（Risk）」という用語をどのように使っているだろうか。辞書では「リスク」は「予測できない危険、損害を受ける可能性」（三省堂大辞林、以下同様）とされており、またオックスフォード辞書（Oxford Learner's Dictionaries）でも「Risk」は下記の意味となっている。

①いつか将来、何か悪いことが起こる可能性；危険が起きるか、悪い結果となりうる状況（邦訳は筆者、以下同様）

the possibility of something bad happening at some time in the future; a situation that could be dangerous or have a bad result

②いつか将来、何か問題や危険を引き起こしそうな人やモノ

a person or thing that is likely to cause problems or danger at some time in the future

基本的には"リスク"とは危険・損害を伴うマイナスの意味で使われているのが実情である。

②金融用語の「リスク」

　資産運用、投資等の金融セクターでは、「リスク」は将来のリターンの不確実性（変動性）のことを指している。つまり、儲ける可能性50％、損する可能性50％の確率で考えるということである。先のオックスフォード辞書にも、「銀行や保険会社が、返済が見込めるため、貸付したくなる／保険販売したくなる、又は滞納しそうなので貸し渋る／販売を渋るような人や事業活動」という意味も記載されている。

a person or business that a bank or an insurance company is willing/unwilling to lend money or sell insurance to because they are likely/unlikely to pay back the money etc

　なお「信用リスク」と言う場合は、債務者の財務状態が悪化することによって、債権の回収ができない状態に陥る危険性のことであり、マイナス用法の一例である。

　リスクは"結果が不確実"であるから、結果（損益）の変動幅が小さければ「リスクが低い」、変動幅が大きければ「リスクが高い」と言うことができる。敏腕のトレーダーに資金の運用を依頼すれば、優秀な運用実績の可能性が高まり、又は、最悪の結果を回避できる可能性がありリスクが低いと言うことになる。

③CSRはリスク及び機会

　CSR（企業の社会的責任）分野では、「リスク及び機会」という言い方が一般的である。「リスク」は企業価値を毀損するマイナス面を、「機会」は企業価値向上やレピュテーション（評判）を高めるプラス面を指しており、「リスク及び機会」で一対の用語として理解されている。例えば、英国の有力NPOであるCDP（旧名称：カーボン・ディスクロジャー・プロジェクト）では、世界の機関投資家を代表して、時価総額の上位主要企業に対して気候変動に関する情報開示を要請し、その調査結果を毎年報告し

ている。その設問形式は、例えば「貴社の気候変動におけるリスクは？」「貴社の気候変動における機会は？」と言うように、リスク及び機会を対比する構成となっている。

　一方、医療や食品安全等では「リスクにはマイナスの意味しかないありえない」分野も多く存在することも理解しておく必要があるだろう。

　分野や業界、テーマが異なれば「リスク」の意味のトーンが変わってくる。金融では通常の「リスク」はプラス／マイナス両方の意味で使用され、CSRでは「リスク及び機会」が定着しているのである。

④リスクマネジメントの指針（ISO31000）

　ISO31000：2009は「Risk management − Principles and guidelines」として2009年11月15日発行。翌年JISQ31000：2010「リスクマネジメント－原則及び指針」としてJIS化された。この規格はリスクの決定及び対応を考えるうえで参考になるガイドである。

　この指針の目的は、リスクマネジメントプロセスに関する"原則"と実際的な"指針"を組織に提供することにあり、経営意思決定の支援ツールとして開発された。

　全ての組織／リスクに適用できるが、ISO9001のような認証用の規格ではなく、リスクの事前対応に限定した内容となっており、緊急事態対応、事業継続、復旧等の事後対応はカバーしていない。組織が置かれている状況を評価・理解したうえで、リスクマネジメントを有効に機能させる"枠組み"（マネジメントシステム）の構築を重視しており、自社のリスクを正しく知るには、まず自社が置かれた"経営環境における内部／外部課題（含む　利害関係者のニーズと期待）の把握"が先決と規定している点などISO9001の基本構造と共通している点が多い。まさに今回の改訂により、マネジメントシステム規格のフレームワーク又は主要な要素が"リスクマネジメント"であることが明確になったと言えよう。本稿では度々、このISO31000を参照しながら解説をしていく。

　以下にISO31000の目次を示す。

1 適用範囲
2 用語及び定義
3 原則
4 枠組み
　4.1 一般
　4.2 指令及びコミットメント
　4.3 リスクの運用管理のための枠組みの設計（P）
　4.4 リスクマネジメントの実践（D）
　4.5 枠組みのモニタリング及びレビュー（C）
　4.6 枠組みの継続的改善（A）
5 プロセス
　5.1 一般
　5.2 コミュニケーション及び協議
　5.3 組織の状況の確定
　5.4 リスクアセスメント
　5.5 リスク対応
　5.6 モニタリング及びレビュー
　5.7 リスクマネジメントプロセスの記録作成

　目次からではわかりにくいが「4.枠組み」には、リスクマネジメントシステムのPDCA構造が述べられている。"マネジメントシステムの枠組み"と言わないのは、マネジメントシステム規格の開発は、すなわち第三者認証に直結するとの誤解を受けかねず、「新たな認証サービスの登場か？」などと産業界が過度に警戒することを考慮したものだ。企業としては、むしろ規格改訂を機に積極的にリスクマネジメントシステムの参考ガイドとして利用できるものである。
　JISQ31000によれば、「リスクマネジメントの枠組み（risk management framework）」の定義は「組織全体にわたって、リスクマネジメントの設計、実践、モニタリング、レビュー、継続的改善の基盤及び組織内の取決めを提供する構成要素の集合体」としており、リスクマネジメントシステムの

ことを指している。

「5. プロセス」にはリスクマネジメントシステムの実践について書かれている。特に「5.3組織の状況の確定」はISO9001の「4. 組織の状況」の規格要求事項の内容に整合している。

⑤ISO9001「リスク（risk）」の定義

　ISO規格の中で「リスク」に、マイナスの影響に加えてプラスの影響の意味を持たせたのは2009年のことである。リスクの概念が変化しておりその用語の定義を変更することが必要として「ISO/IECGuide73：2002」（リスクマネジメント－用語の定義）の見直しを行った。なお、安全分野では先行してISO/IECGuide51がリスクの定義を定めていた。その結果、紆余曲折があったが「ISOGuide73：2009」が制定され、これを機に「リスク」の定義は次頁の通り「期待されていることから、好ましい方向及び/又は好ましくない方向にかい（乖）離すること」としてマイナス/プラスの意味を持つと注記が付けられたのである。この定義変更はJISQ9000：2015のリスクの定義にも影響を与えている。

〈図表4-21　リスクマネジメントの「枠組み」と「プロセス」〉

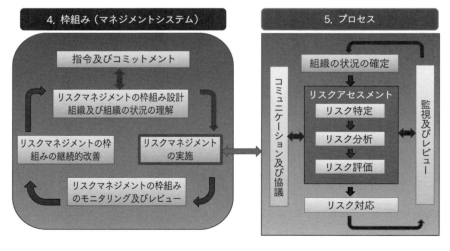

〈図表4-22 リスクの定義〉

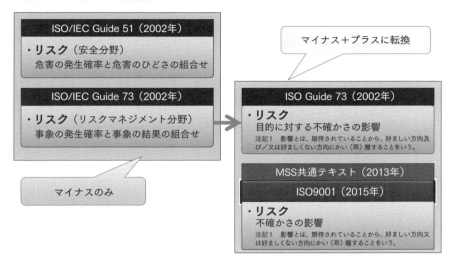

ISOGuide73（JISQ0073：2010）の「リスク（risk）」の定義
　目的に対する不確かさの影響。
　　注記1　影響とは、期待されていることから、好ましい方向及び/又は好ましくない方向にかい（乖）離することをいう。
　　注記2　目的は、例えば、財務、安全衛生、環境に関する到達目標など、異なった側面があり、戦略、組織全体、プロジェクト、製品、プロセスなど、異なったレベルで設定されることがある。
　　注記3　リスクは、起こり得る事象、結果又はこれらの組合せについて述べることによって、その特徴を記述することが多い。
　　注記4　リスクは、ある事象（周辺状況の変化を含む。）の結果とその発生の起こりやすさとの組合せとして表現されることが多い。
　　注記5　不確かさとは、事象、その結果又はその起こりやすさに関する、情報、理解若しくは知識が、たとえ部分的にでも欠落している状態をいう。

【リスクを理解するための参考規格とリスクの定義】
　ISO12100：2003　機械類の安全性－基本概念、設計のための一般

原則
　　リスクの定義：危害の発生確率と危害のひどさの組合せ
　　※本規格は、ISO/IEC GUIDE 51の下に階層化された国際安全規格
　　　の最上位に位置する基本安全規格である。

ISO/IEC GUIDE 51：1999　安全面－規格に安全に関する面を導入す
るためにガイドライン
　　リスクの定義：危害の発生確率と危害のひどさの組合せ

ISO/IEC GUIDE 73：2002　リスクマネジメント－用語集－規格にお
いて使用するための指針
　　リスクの定義：事象の発生確率と事象の結果の組合せ

JISQ 2001:2001　リスクマネジメントシステム構築のための指針
　　リスクの定義：事態の確からしさとその結果の組合せ、又は事態
の発生確率とその結果の組合せ

　結局、JISQ9000の「リスク」の定義は、「目的に対する」ISOGuide73の定義から「目的に対する」が消され「不確かさの影響」とシンプルになった。
　以下はJISQ9000定義の「注記」について、ISO31000を使って解説したい。
　注記1によれば「影響」とは、「期待されていることから、好ましい方向又は好ましくない方向にかい（乖）離することをいう」のであるから、図表4-24のように考えることができる。
　注記2では、「不確かさとは、事象、その結果又はその起こりやすさに関する、情報、理解又は知識に、たとえ部分的にでも不備がある状態」をいうことから図表4-25のように整理できるだろう。
　注記3では、「リスクは、起こり得る"事象"及び"結果"、又はこれらの組合せについて述べることによって、その特徴を示すことが多い」とされている。

ちなみに「事象」と「結果」はJISQ31000では次のような定義があてられている。

〈図表4-23　JISQ9000：2015「リスク」の定義〉

■「リスク（risk）」の定義

● 不確かさの影響

- ✓ **注記1**　影響とは，期待されていることから，<u>好ましい方向又は好ましくない方向にかい（乖）離</u>することをいう。
- ✓ **注記2**　不確かさとは，事象，その結果又はその起こりやすさに関する，情報，理解又は知識に，たとえ部分的にでも不備がある状態をいう。
- ✓ **注記3**　リスクは，起こり得る"事象"及び"結果"，又はこれらの組合せについて述べることによって，その特徴を示すことが多い。
- ✓ **注記4**　リスクは，ある事象（その周辺状況の変化を含む。）の結果とその発生の"起こりやすさ"との組合せとして表現されることが多い。
- ✓ **注記5**　「リスク」という言葉は、好ましくない結果にしかならない可能性の場合に使われることがある。

〈図表4-24　リスク＝「不確かさの影響」〉

・リスク＝「不確かさの影響」

－注記1　影響とは、期待されていることから、好ましい方向又は好ましくない方向にかい（乖）離することをいう。

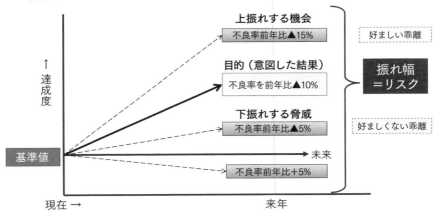

〈図表4-25 将来の不確実性は情報の量に関係している〉

出典:意思決定のためのリスクマネジメント(榎本 徹 著、オーム社 2011年)

「事象(event)」とは、「ある一連の周辺状況の出現又は変化」のことである。また以下の注記が付けられている。

①事象は、発生が一度以上であることがあり、幾つかの原因をもつことがある。
②事象は、何かが起こらないことを含むことがある。
③事象は、"事態"又は"事故"と呼ばれることがある。
④結果にまで至らない事象は、"ニアミス"、"事態"、"ヒヤリハット"又は"間一髪"と呼ばれることがある。

「結果(consequence)」とは、「目的に影響を与える事象の結末」である。同様に次の注記が付けられている。

〈図表4-26 リスク分類と事象の例〉

リスク分類	事象の例
事故・災害関係	台風・洪水・地震、火災・爆発、交通機関の事故 システム障害・通信途絶、エレベータ停止、盗難
法制関係	法改正、法令違反、経営情報の漏洩、プライバシー侵害 データのねつ造・改竄・私文書偽造、PL訴訟
会計関係	不良債権、企業買収、事業縮小、不正取引、脱税 会計データベース破壊・消失
労働関係	社員の不正行為、雇用契約、個人情報漏洩、人権問題、交通事故、内部告発

①一つの事象が、様々な結果につながることがある。
②結果は、確かなことも不確かなこともあり、目的に対して好ましい影響又は好ましくない影響を与えることもある。
③結果は、定性的にも定量的にも表現されることがある。
④初期の結果が、連鎖によって、段階的に増大することがある。

〈図表4-27　リスクマネジメント規格（ISO31000）の「リスク」〉

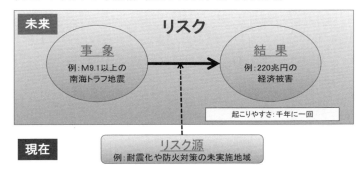

「リスク源（risk source）」とは、「それ自体又はほかとの組合せによって、リスクを生じさせる力を本来潜在的にもっている要素」と定義されている。本来、リスク源は「ハザード（hazard）」と言われていたが、好ましくない影響を連想される用語のためISO31000では「risk source」という用語があてられた。

注記4では、「リスクは、ある事象（その周辺状況の変化を含む。）の結果とその発生の"起こりやすさ"との組合せとして表現されることが多い」とされている。「起こりやすさ（likelihood）」とは「何かが起こる可能性」のことである。

「リスクマネジメント用語において、何かが起こる可能性を表すには、その明確化、測定又は決定が客観的か若しくは主観的か、又は定性的か若しくは定量的かを問わず、"起こりやすさ"という言葉を使用する。また、"起こりやすさ"は、一般的な用語を用いて示すか、又は数学的に示す（例えば、発生確率、所定期間内の頻度など）」と注記（JISQ31000 2.19）が付けられている。発生の可能性について、「ほとんどゼロ」、「まれに」、「中

程度」、「確定的」等のように一般用語を使って表現することができる。

⑥機会とは
　何れの規格も「機会」の定義を提供していないが、JISQ9001には「6.1 リスク及び機会への取組み」の中で機会についての注記が付けられている。「注記２　機会は、新たな慣行の採用、新製品の発売、新市場の開拓、新たな顧客への取組み、パートナーシップの構築、新たな技術の使用、及び組織のニーズ又は顧客のニーズに取り組むためのその他の望ましくかつ実行可能な可能性につながり得る」とある。定義設定のない用語はオックスフォード辞典を引用することになっている。
「Opportunities」
a time when a particular situation makes it possible to do or achieve something.（Oxford Learner's Dictionaries）

「機会」
　「ある行動をするのに最もよいとき、おり、チャンスのこと」（三省堂大辞林）
　概ね、「機会」とは時間やタイミングの概念のこととわかる。およそ"プラスのリスク"と言う意味はない。「好機」という日本語がピッタリくるよう思える。
【参考】
　参考としてJISQ14001では「リスク及び機会（risks & opportunities）」の用語の定義を「潜在的で有害な影響（脅威）及び潜在的で有益な影響（機会）」として規定している。TC207では、当初"機会（プラス）"と対峙する概念は"リスク"ではなく、"脅威（マイナス）"として、「脅威と機会に関連するリスク」という用語をドラフト版では使用していたが、結局、MSS共通テキストに合わせて「リスク及び機会」に戻したという経緯がある。「脅威」の方は次のような意味である。
　「Threats」 the possibility of trouble、danger or disaster.（Oxford Learner's Dictionaries）

「脅威」「脅かすこと。また、脅かされ、脅されることで感じる恐れ」（三省堂　大辞林）

なお、リスクを表現する時に、マイナスは「○○の脅威」、プラスの影響は「○○の機会」と表現すると整理しやすい。

このことからISO9001で取り組むべきリスク及び機会は「許容できない脅威（マイナス）」であり、また「決定的な機会（プラス）」であると捉えると分かりやすいだろう。

⑦ドラッカーが主張する機会主義

QMSにおいては、"リスクにはプラスの影響も含む"ことが明らかとなった。そもそも経営は、経営層が機会（プラスの影響、ビジネスチャンス）を追求する行為と言え、同時にその達成を阻む阻害要因である脅威（マイナスの影響）に手を打つことである。とはいえ、"脅威と機会に関連するリスク"の定義だけに惑わされることなく、経営視点から"本業に重大な影響を及ぼす脅威と機会"をリスクとして特定すべきである。

「効率的な企業は、問題中心主義でなく、むしろ機会中心主義である」

これはドラッカーが言い続けていた大事な考え方である。かつて彼は、講演の中で次のように語っている。

「誰１人として、リスクを無視するビジネスパーソンはいないし、そんなことができるはずはない。しかし、効率性を中軸に据える企業は、問題の"解決"によって活路を拓いたりしようなどとは考えない。というのは、いくら今直面している問題を巧みに解決したからといって、結局のところ、現状回復ができるにすぎないということを、嫌というほど知っているからである。したがって、"問題解決"（プロブレム・ソルビング）の中に経営の真髄があるなどと考えるのは、とんでもない誤りである」そして真に効率的な企業は、「果たして現実にどんな絶好の機会があり得るのか」、また、「驚異的とも言える、素晴らしいチャンスを提供していることには何があるか」を追求するのである。

ピーター・F・ドラッカー（1909〜2005年）
元クレアモント大学院大学教授、「マネジメント」を発明したオーストリアの経営学者。

従って、問題解決中心主義者のように、「製品の新市場への投入のリスクをどのように防止するか」などを問うことはしない。「この新機能の開発は、どんな機会をもたらしてくれるのか」、「いかなるチャンスを提供してくれるのか」を中心に問い続ける。

　リスクは、真の機会への挑戦であり、言わば前兆でもある。そして、そういう発想をする際に直面する危険は、むしろ変化の兆しである。変化こそ、企業が的確に伸び、立派に自己創造し、万事を好機へと転換するための可能性だとドラッカーは強調している。

「リスク及び機会」を理解する上で、類語についても定義を記載しておく。

危機/Crisis
危険な時期。きわめてあぶない状態。
既存の社会体制・価値観などが崩壊しようとする、時代の転換期。
a time of great danger, difficulty or confusion when problems must be solved or important decisions must be made.

緊急事態/Emergency
緊急に処置を加えなければならない重大な事態。
a sudden serious and dangerous event or situation which needs immediate action to deal with it.

災害/Disaster
地震・台風・洪水・津波・噴火・旱魃（かんばつ）・大火災・感染症の流行などによって引き起こされる不時のわざわい。また、それによる被害。
an unexpected event, such as a very bad accident, a flood or a fire, that kills a lot of people or causes a lot of damage.

２．リスク及び機会を導く

①上場企業のリスクは有価証券報告書を確認

　次にリスク及び機会をどう明確にするのかが重要である。どんなに素晴らしいリスク対策を計画しても "誤ったリスク" を特定していたのでは有効なマネジメントは行えない。

　上場企業の場合は、自社の直近の「有価証券報告書」に載っている「事業等のリスク」欄に自社のリスクが明記されている。このリスクは法的拘束力があるものだ。投資家に明らかになっているリスクを開示しないような虚偽記載があれば、「金融商品取引法」に違反し、10年以下の懲役もしくは1,000万円以下の罰金、法人には7億円以下の罰金が科せられる。少なくとも全社の "公式リスク" がそこにあるのだ。またリスク対策に当たる内容も同報告書には記載されていることがある。

　同様に、CSRレポートや統合報告書を発行する組織においても、リスク及び機会が明記されていないか確認してほしい。

②非財務情報ではマテリアリティを確認

　いまや、品質問題を含め、環境（E）、社会（S）、ガバナンス（G）に関するESG情報（非財務情報）を財務情報と同等に開示すべきと言うのがグローバル社会の基本的な考え方である。虚偽の報告がなされていれば利害関係者からの信頼を大きく損なうことは間違いない。非財務情報のレポーティングのデファクトスタンダードであるGRIガイドラインでは、企業価値に大きな影響を与える重要課題を「マテリアリティ」と呼んでいる。このマテリアリティこそが正に特定すべき課題であり、リスク及び機会に直結する対象である。

　更に、社内のコンプライアンス委員会や法務部、経営戦略部などで、自社のリスクを検討・特定していないか確認すべきである。

　このことは、規格が求める「リスク及び機会」の特定に大いに助けになるはずである。リスク及び機会は「事業プロセス」（本業）に統合することを要求している以上、ここは狭い範囲でリスク及び機会を考えるのではなく、中長期的、全社的、継続的なリスク及び機会を考えるべきなのである。

③「組織の状況」を理解してからリスクを導く

「リスク及び機会」を明確にするためには、まず「内部/外部の課題」及び「利害関係者のニーズと期待」を確定することが先決である。その上で、リスクを特定することとなる。JISQ9001：2015では次の手順でリスク及び機会を明確にすることとなっている。

〈図表4-28　JISQ9001：2015におけるリスク及び機会の明確化〉

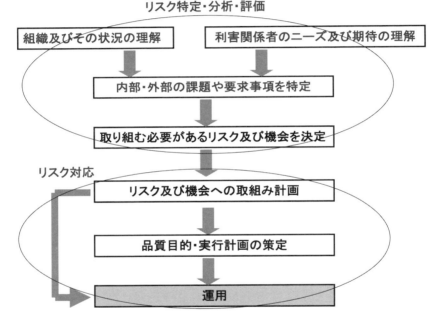

④外部/内部の課題

ISO31000では「組織及び組織の状況の理解」として、「リスクの運用管理のための枠組みの設計及び実践の前に、組織の外部及び内部の状況の双方を評価し、理解することが重要である」と原則が示されている。なぜなら、これらが枠組みの設計に重大な影響を及ぼすことがあるからである。

「組織の状況の確定（establishing the context）」とは、「リスクの運用管理において考慮するのが望ましい外部及び内部の要因（parameter）を規定し、リスクマネジメント方針に従って適用範囲及びリスク基準を設定

すること。」である。この外部状況とはISO9001の外部の課題と、また内部状況は内部の課題と同義である。外部課題を発見する手法に「PEST分析」が知られている。PESTとは、政治（Politics）、経済（Economy）、社会（Society）、技術（Technology）の視点から外部環境に潜む、事業への影響を整理し、その影響度を評価する手法である。

〈図表4-29　外部課題を発見する手法例〉

- PEST分析は、政治（**P**olitics）、経済（**E**conomy）、社会（**S**ociety）、技術（**T**echnology）の視点から外部環境に潜む、事業への影響を整理しその影響度を評価する手法

視点	観点
Politics	・法規制（規制強化・緩和）、税制 ・裁判制度、判例 ・政治団体の傾向
Economy	・景気、物価 ・成長率 ・金利・為替・株価
Society	・人口動態、世論、流行 ・教育水準、治安、安全保障 ・宗教、言語、自然環境
Technology	・新技術の普及度 ・特許

外部状況（external context）とは「組織が自らの目的を達成しようとする場合の外部環境」、内部状況（internal context）は、「組織が自らの目的を達成しようとする場合の内部環境」と定義されている。

図表4-30がISO9001の箇条4の関連を示している。

外部課題や内部課題は、リスク及び機会を明確にする場合の材料になる。しかし、実際に作業を行ってみるとわかる通り、これまで登場してこなかった要素に気付くため、外部／内部課題自身が表現を収斂したり、全社へ範囲を拡大すること等により、取り組むべき「リスク及び機会」へと発展する課題があるのではないかと考えている。外部／内部の課題の検討例も加えてある。

〈図表4-30　ISO9001箇条4の構造〉

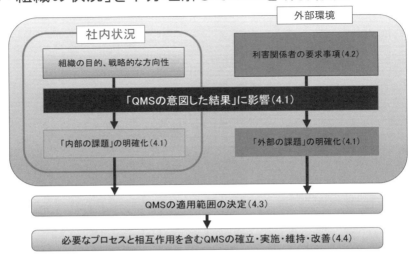

〈図表4-31　主に外部状況起因のリスク〉

大分類	小分類	リスク種別	利害関係者
戦略	ビジネス戦略	新規事業・設備投資	株主、顧客、供給者
		研究開発	（技術部門）、研究機関
		生産技術革新	（生産技術部門）
	市場マーケティング	市場ニーズの変化・不発	顧客、マーケティング会社
		価格戦略の失敗	顧客、（営業部門）
	人事制度	海外従業員の雇用	宗教団体
		従業員の高齢化	（従業員）、人材派遣会社
	政治	法律の制定・制度改革	国、地域
		国際社会の圧力	国、地域
	経済	原料・資材の高騰	市場(株価)、国(紛争)、
	社会	不買運動、消費者運動	顧客、マスコミ
		地域住民とのトラブル	地域住民
ハザード	自然災害	水害、地震	自治体
	事故・故障	火災・爆発	近隣住民、自治体
		設備故障	供給者
		労災事故	（従業員）
		停電・断水	インフラ運営業者

〈図表4-32　主に内部状況起因のリスク〉

大分類	小分類	リスク種別	利害関係者
オペレーション	製品・サービス	製品の瑕疵	顧客、従業員
		事務ミス	顧客、従業員、供給者
		製造物責任	顧客、保険会社、弁護士
		リコール・製品回収	顧客
		機密情報漏洩	顧客
	法務・倫理	知的財産権侵害	競合他者、弁理士
		環境法規制違反	自治体、弁護士
		独禁法、公取法違反	行政、供給者、同業者
	環境	環境規制強化	地方自治体、国
		環境賠償責任・公害	自治体、国、近隣住民
		環境負荷物質流出	自治体、国、近隣住民
		廃棄物処理・リサイクル	自治体、国、近隣住民、廃棄物処理業者
	労務人事	伝染病、インフルエンザ	従業員、顧客、医療機関
		過労死、安全衛生管理不良	従業員、医療機関
	経営者	経営者の死亡・執務不能	顧客、経営層

　図表4-31と4-32は内部/外部の課題と関連の深いリスクを例示した。これらの事例は自社で課題特定の際に参考にしてほしい。

⑤結局、リスクとはトップが最終決定

　結局、"リスク"とは、最終的にトップマネジメントが取り組むとしたものである。

　図表4-33はリスク及び機会を決定する基準例を示した。

　図表4-34はPEST分析を参考にして品質のリスク及び機会を明確にするフォーマットの例示である。多くの脅威（マイナス）や機会（プラス）を洗い出し、優先順位をつけ、取り組むとトップマネジメントが明確にした対象を厳選する。

〈図表4-33 対応ポイント リスク及び機会〉

■ 取り組む「リスク及び機会」の基準例

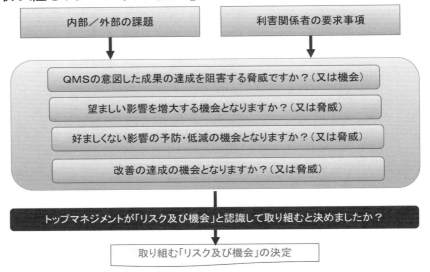

〈図表4-34 品質 リスク及び機会明確化様式 (例)〉

PESTLEE 要因	組織の状況		品質のリスク及び機会	
	内部/外部課題	利害関係者 (コミュニケーション)	脅威(マイナス)	機会(プラス)
Political (政治)				
Economical (経済価値)				
Social (社会価値)				
Technological (技術・開発力)				
Legal (法規制対応)				
Culture (組織風土・人材)				
Global (グローバル化)				

⑥社内では「リスク」の表現を統一

　リスク及び機会は、全社員に認識されているべきである。やはりトップマネジメントが関心を持ち、「リスク及び機会」と宣言したものであるので、社内で表現は統一すべきである。同じ脅威や機会を全社員が同じリスク表現で認識することは非常に重要なのである。

　また、リスクの表現は、「結果」で表現されることがある、例えば「製品回収のリスク」などである。

　JISQ31000では「リスク特定」を「リスクを発見、認識及び記述するプロセス」と定義しており、注記１に「リスク特定には、リスク源、事象、それらの原因及び起こり得る結果の特定が含まれる」とある。リスクは、ある事象（その周辺状況の変化を含む）の結果と、その発生の起こりやすさとの組み合せとして表現されることが多いのだ。例えば、「首都圏直下型地震の30年以内の発生確率70％」などが一例である。

　リスクの表現方法に、ソフトウエアプログラムの記述で使われるIF－THEN法と言われる方法がある。「IF（事象の発生）…THEN（結果）」の構文（条件分岐法）で表現し、『　もし〇〇が起ったら…その時、□□が起きる』と記述するものである。前述の有価証券報告書の「事業等のリスク」でもこの記載方法が用いられている。例えば、「（品質問題）デバイス事業の重要顧客は、海外の製品規制の早期対応に最も関心を持っています。しかし団塊の世代の大量退職後、製品規制に通じた技術者が不足したままになっています。本規制に対応できない場合、顧客から著しく信頼を損失するだけでなく、製品回収が生じた場合は、業績・財務状況に重大な影響を及ぼす可能性があります」などである。

（参考）「リスク」が登場するJISQ9001の項番
4.4　品質マネジメントシステム及びそのプロセス
4.4.1　組織は、品質マネジメントシステムに必要なプロセス及びそれらの組織全体にわたる適用を決定しなければならない。また、次の事項を実施しなければならない。
　f）6.1の要求事項に従って決定したとおりにリスク及び機会に取り

組む。

5.1　リーダーシップ及びコミットメント
5.1.1　一般
　トップマネジメントは、次に示す事項によって、品質マネジメントシステムに関するリーダーシップ及びコミットメントを実証しなければならない。
ｄ）プロセスアプローチ及びリスクに基づく考え方の利用を促進する。

5.1.2　顧客重視
　トップマネジメントは、次の事項を確実にすることによって、顧客重視に関するリーダーシップ及びコミットメントを実証しなければならない。
ｂ）製品及びサービスの適合並びに顧客満足を向上させる能力に影響を与え得る、リスク及び機会を決定し、取り組んでいる。

9.1.3　分析及び評価
　組織は、監視及び測定からの適切なデータ及び情報を分析し、評価しなければならない。分析の結果は、次の事項を評価するために用いなければならない。
ｅ）リスク及び機会への取組みの有効性

9.3.2　マネジメントレビューへのインプット
　マネジメントレビューは、次の事項を考慮して計画し、実施しなければならない。
ｅ）リスク及び機会への取組みの有効性（6.1参照）

10.2　不適合及び是正処置
10.2.1　苦情から生じたものを含め、不適合が発生した場合、組織は、次の事項を行わなければならない。

e）必要な場合には、計画の策定段階で決定したリスク及び機会を更新する。

3．リスク及び機会を活用する

　ISO9001の規格改訂対応が進むと、自社の「リスク及び機会」及び「内部/外部の課題」が明確にされてくる。

　リスクには「脅威」（マイナス）、「機会」（プラス）があり、内部/外部の課題からは自社の「強み」と「弱み」が見えてくることだろう。脅威/機会、強み/弱みは、「SWOT分析」を連想させるかもしれない。事実、この手法で戦略策定に活かすことが可能である。

　図表4-36のように、4要素をSWOTに当てはめて、戦略を考えるというものだ。SWOTとは強み・弱み・機会・脅威の4つの頭文字であり、経営資源の最適活用を図るための経営戦略の決定手法の一つである。

　外部課題とは、ビジネス環境における自社製品・サービスの市場競争上の"強み/弱み"と言える。また利害関係者のニーズや期待とも深く関連し

〈図表4-35　リスク及び機会（例）〉

【外部の課題】
1）市場競合激化による既存製品の売上減少
2）国内需要の低迷、グローバル化への対応
3）法規制強化

【内部の課題】
1）社員の平均年齢の上昇、定年退職に伴う技術・技能流出
2）技術力・開発力の強化が必要
3）円安の影響による輸入部品・原材料のコスト上昇

【リスク及び機会】
1）技術開発力の強化による新規製品の早期市場投入
2）海外展開のための海外販売体制の早期確立
3）社員の安全・品質活動への意識向上
4）既存製品の歩留向上と工程管理の合理化による製造コストの低減
5）力量のある業歴者の新規採用と効果的OJTによる早期戦略化

〈図表4-36　SWOT分析の活用〉
● 企業の外部/内部環境を、強み・弱み・機会・脅威 の4つの組合せから分析し、経営資源の最適活用を図るための経営戦略決定手法。

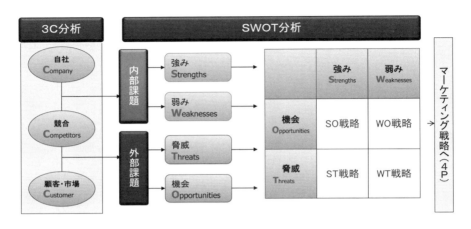

〈図表4-37　SWOT分析から打ち手を検討する〉

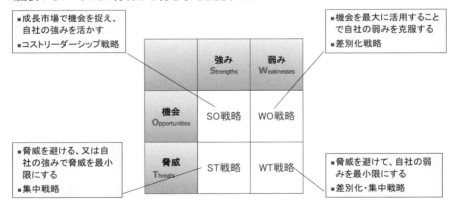

ていると想定できる。

　内部課題は、競合先との比較における、自社の課題対応力の面における強み/弱みと言える。そこで外部課題に対する自社の弱み（例：経営資源不足）の把握が重要である。

　トップマネジメントが"リスク"とした対象においては、リスクマネジ

メントの基本的対応（回避、低減、移転、保有）を行うこととなる。その際にも、SWOT的な戦略的思考で対応を決定することも可能なのである。

4．リスク対応の考え方
①リスク対応の選択
　リスク対応には、「リスクの対応策を予め検討しておく」ことと、「実際に問題（イベント）が発生した時のために対応策を予め検討しておく」ことが含まれる。
　JISQ2001：2001において、リスクへの対応について次の4つの基本的なリスク対応が推奨されている。リスク対策を指示するトップマネジメントがどの対策を選択するかは重要である。
●リスクの低減（最適化）
●リスクの保有（受容）
●リスクの回避
●リスクの移転

> ISO31000の（JISQ31000）リスク対策に関連する定義
> 残留リスク（residual risk）
> 　リスク対応後に残るリスク。注記1　残留リスクには、特定されていないリスクが含まれることがある。注記2　残留リスクは、"保有リスク"としても知られている。
> リスク基準（risk criteria）
> 　リスクの重大性を評価するための目安とする条件。
> 注記1　リスク基準は、組織の目的並びに外部状況及び内部状況に基づいたものである。
> 注記2　リスク基準は、規格、法律、方針及びその他の要求事項から導き出されることがある。
> リスクレベル（level of risk）
> 　結果とその起こりやすさとの組合せとして表される、リスク又は組み合わさったリスクの大きさ。

〈図表4-38 リスクの低減1〉

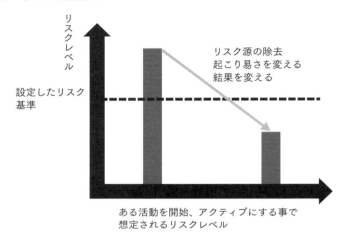

〈図表4-39 リスクの保有〉

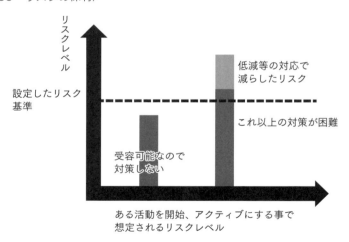

JISQ2001：2001におけるリスク対応

●リスクの低減（最適化）

　影響度や発生可能性の軽減のための対策を行う。「起こりやすさ」や「結果」又はその両方を低減するという考え方で、通常のリスク対策の基本形である。

〈図表4-40　リスクの回避〉

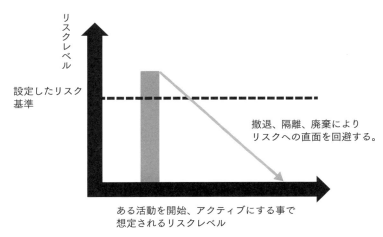

●リスクの保有（受容）
　管理策を講じないという対応である。想定したリスク値が受容できる範囲内であったり、または、これ以上リスク値を下げる対策を講じることができない場合、責任者の承認を得た上で、リスクを保有する。
●リスクの回避
　リスクの発生する可能性のある環境からの回避を中心に、保管しているだけで漏えいのリスクをもつ、いわゆる保管のリスクと呼ばれるものを隔離、または廃棄すること。事業であれば、撤退という選択肢も考えられる。
●リスクの移転
　保有するリスクを外部に委託、または保険などによって、委託先や供給者にリスクを移転すること。保険などが該当する。
②ISO31000（JISQ31000）のリスク対応
　一方、JISQ31000によれば、「リスク対応（risk treatment）」を「リスクを修正するプロセス」のことと定義している。JISQ2000との違いは、リスクにプラスの意味を持たせたため「リスクの低減」がなくなり、「リスク源の除去」、「起こりやすさを変える」、「結果を変える」、「リスクを取る又は増加させる」に分化されていることである。
　具体的には、注記 に新しいリスク対応が記載されている。

〈図表4-41　リスクの移転〉

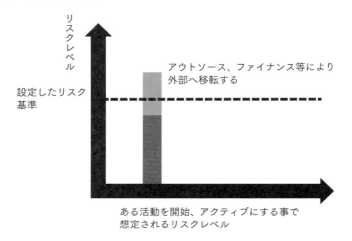

〈図表4-42　リスクの低減2〉

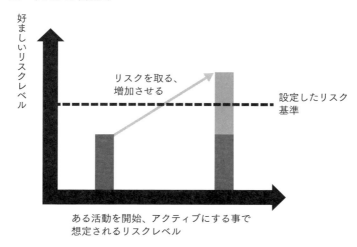

(a) リスクを生じさせる活動を、開始又は継続しないと決定することによって、リスクを回避すること
(b) ある機会を追求するために、リスクを取る又は増加させること
(c) リスク源を除去すること

〈図表4-43　リスク対応にはリスクの回避、低減、移転、保有等がある〉

リスク対応		内容
リスク回避		リスクのある状況からの撤退する行動 ・例　事故が起こりやすい製品の販売中止 ・例　カントリーリスクの高い国からの事業撤ు
リスク低減	リスク源の除去	リスク源を除去する ・例　老朽ビルから耐震ビルへの移転
	起こりやすさの変更	発生確率(起こりやすさ)を低減又は増加する行動
	結果の変更	結果の影響を低減又は増加する行動
リスク移転(共有・分散)		特定のリスクに関する損失の負担を他社と分担する行動 ・例　アウトソース、損害保険、分散投資
リスク保有(受容)		あらかじめ定めたレベル以下のリスクを受け入れる行動 ・例　リスク対応の資金を留保
		ある機会を追求するためにリスクを取る行動(リスクテイク) ※"増加させる"はプラスの場合 ・例　販路拡大のため反日感情の高い国への進出

（d）起こりやすさを変えること
（e）結果を変えること
　好ましくない結果に対処するリスク対応は、"リスク軽減"、"リスク排除"、"リスク予防"及び"リスク低減"と呼ばれることがある
（f）一つ以上の他者とリスクを共有すること（契約及びリスクファイナンシングを含む）
（g）リスクを保有すること
③QMSプロセスを通じてのリスク対策
　ISO9001では、組織が取り組むと決めたリスクは、下記のQMSプロセスを通じて実施しなければならない。
（1）目標化及び進捗管理
（2）プロセスの標準化（手順、作業標準）とその監視・測定
（3）教育・訓練（Off-JT、OJT）による認識、力量向上
（4）改善提案制度
（5）ヒヤリ・ハット活動（情報取集及び対策実施）
（6）KYT（危険予知トレーニング）
（7）内部コミュニケーション（委員会、反省会、職場ミーティング）に

〈図表4-44 ISO9001 リスク及び機会の対応手順〉

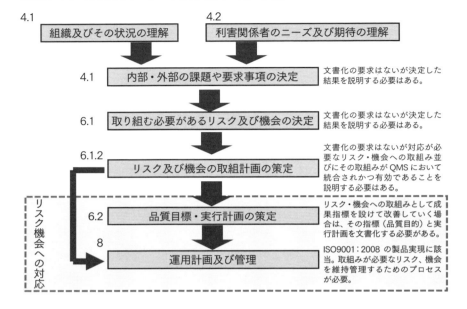

　　　　よるPDCA
（8）経営環境の変化（行政、法規制、経済・業界動向、技術的動向）の情報収集と対応
（9）競合他社や他業種での事故等に関する情報収集と未然防止対策
（10）年度事業計画の策定・月次分析
（11）内部監査
（12）マネジメントレビュー
（13）職場・現場パトロール
（14）他の事業プロセスへの統合（本来業務）
・わざわざISO的なプロセスでリスク対応するのではなく、既存の事業活動を通して対策を実施すること等。なお、マネジメントレビューでは、他の事業プロセスで対応可能か否かを検討することが要求事項となっている。
④コミュニケーションによるリスク対策

●全ての段階

　ISO31000の「コミュニケーション及び協議」では「外部及び内部のステークホルダとのコミュニケーション及び協議は、リスクマネジメントプロセスのすべての段階で実施すること」が推奨されている。「リスクマネジメントプロセス」とは「コミュニケーション、協議及び組織の状況の確定の活動、並びにリスクの特定、分析、評価、対応、モニタリング及びレビューの活動に対する、運用管理方針、手順及び実務の体系的な適用」のことであり、つまりはリスクマネジメントのPDCA全てのことである。「コミュニケーション及び協議（communication and consultation）」には「リスクの運用管理について、情報の提供、共有又は取得、及びステークホルダとの対話を行うために、組織が継続的に及び繰り返し行うプロセス」のことである。

●早期の計画

　また「コミュニケーション及び協議に関する計画を早い段階で策定すること」が推奨されている。このリスク・コミュニケーション計画にはコミュニケーション手順化とその実施、責任の割当て、コミュニケーション活動の順序、コミュニケーション実施時期を含めること、及びリスクの内容により特定の製品、プロセス及びプロジェクト、全社又は一部に適用することを検討することが望ましい。

　組織として「リスク」についてのコミュニケーションは早い段階で先読みし、例えば社会問題化する前にリスクの予防として行うことが重要である。リスク対応において後追いは、手数や費用の面でも組織の負担が重くなる傾向にある。

●あらゆる視点からのリスク把握

　利害関係者は、リスクに対する自らの認知に基づいてリスクに関する判断を下す。組織が気付かないリスクや顧客・社会目線のリスクの発見が期待できるため、コミュニケーションが重要なのである。

　そのため、利害関係者のニーズと期待の決定がリスク・コミュニケーショ

〈図表4-45　リスクコミュニケーション〉

■ 外部コミュニケーションは、先読みして社会問題化する前に対応・発信することでリスクが低減できる

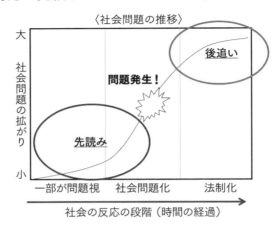

〈図表4-46　本社管理部門　○○年度 品質リスク・コミュニケーション計画様式（例）〉

区分	報告対象	実施責任部署 関連のリスク及び機会	コミュニケーションの内容	実施時期（完了日）	コミュニケーションの手順・方法	順守義務の有無	実施結果
内部							
外部							

ISO14001：2015「7.4コミュニケーション」、及びISO31000：2009「コミュニケーション及び協議」を参考に作成

ン計画に影響を与えるのである。

　リスク・コミュニケーション計画では、「リスクそれ自体、原因、（既知の場合には）リスクの結果、及びリスクに対応するために講じられている対策にかかわる事項を取り扱うこと」が推奨されている。要はネガティブな情報や当該リスク対策も含めてコミュニケーションの対象にすべきなのである。

●相互理解

　このように効果的な外部及び内部のコミュニケーション及び協議を実施することが必要なのだが、それは経営層（リスクマネジメントプロセスの実践についてアカウンタビリティをもつ人）と利害関係者が、「意思決定の根拠及び特定の処置が必要な理由を理解すること」が重要であるからだ。

　つまり、組織と利害関係者が、取り組むべきリスクと判断した根拠やリスク対策の選択理由等について相互理解することがリスク予防になるということである。

　利害関係者の見解は意思決定に著しい影響を与えることがあるため、利害関係者のニーズと期待を決定し、記録し、事業プロセスの中で対応することが基本となる。

　ISO9001の認証取得組織には、戦略的な品質マネジメントによって、広く顧客の声を聞き、優先度の高いリスクと機会をマネジメントすることにより、社会から支持され、必要とされ続けることが期待されている。

〈参考文献〉

「JISQ9001：2015（ISO9001：2015）品質マネジメントシステム-要求事項」
「JISQ9000：2015（ISO9000：2015）品質マネジメントシステム-基本及び用語」
「JISQ19011：2012（ISO19011：2011）マネジメントシステム監査のための指針」
「JISQ31000：2010（ISO31000：2009）リスクマネジメント-原則及び指針」
「JISQ2001：2001　リスクマネジメントシステム構築のための指針」
「JISQ0073：2010（ISO Guide 73：2009）リスクマネジメント-用語」
「JIS TR Q0008：2003（ISO/IEC Guide 73：2002）リスクマネジメント-用語-規格における使用のための指針」
「JIS Z 8051：2004（ISO/IEX Guide 51：1999）安全側面-規格への導入指針」
「JIS B 9700-1：2004（ISO12100-1：2003）機械類の安全性-設計のための基本概念、一般原則-第1部：基本用語、方法論」
「2015年版ISOマネジメントシステム規格解体新書」（ISOマネジメントシステム規格研究会［編］　日刊工業新聞社 2015年3月）
「意思決定のためのリスクマネジメント」（榎本徹著　オーム社　2011年9月）
「図解ISO9000早わかり【改訂2版】」（三浦昭夫・小林元一　編著　オーム社）
「ISO9001：2015　規格改訂のポイントと移行ガイド」（国府保周著　日本規格協会 2015年8月）
「2008年改正対応 審査員が教えるISO9001実践導入マニュアル」（日本能率協会審査登録センター 著　日本能率協会マネジメントセンター2010年3月）
「マネジメントシステム規格の整合化動向」（日本規格協会Webサイト http://www.jsa.or.jp）
「ISO Survey 2014」（国際標準化機構Webサイト　http://www.iso.org/iso/iso-survey）
「ISO 9001：2015及びISO 14001：2015発行に伴うマネジメントシステム認証及び認定の移行要領」及び「IAF参考文書　ISO 14001：2015への移行計画の指針」参考訳の公表（日本適合性認定協会Webサイト
http://www.jab.or.jp/news/2015/030300.html）
IAF参考文書 ISO 9001：2015への移行計画の指針」参考訳の公表
（日本適合性認定協会Webサイト　http://www.jab.or.jp/news/2015/012200.html）
「オックスフォード現代英英辞典」（オックスフォード大学出版局）
「大辞林」（松村明　編　三省堂）

〈執筆者一覧〉

〈執筆〉安井亮一　　センター長
〈執筆〉伊藤新二　　副センター長
〈執筆〉鈴木浩二　　システム審査部 次長
〈執筆〉武樋憲明　　システム審査部 担当部長
〈執筆〉郡　要二　　CS・マーケティング部 CS・マーケティンググループ 部長
〈執筆〉宮澤　武　　ISO研修事業部 担当部長
〈執筆〉中川　優　　ISO研修事業部 担当部長
〈執筆〉米倉義孝　　CS・マーケティング部 計画グループ 部長
〈協力〉清宮　修　　認証管理部　マネジャー
〈協力〉藤原登紀生　品質管理部　リーダー

〈監修〉武中和昭　　一般社団法人日本能率協会　理事・事務局長
・一般社団法人日本能率協会（略称：JMAQA）
・認証に関するお問い合わせ先　TEL03-3434-1446

〈一般社団法人日本能率協会審査登録センターの紹介〉

1994年設立のマネジメントシステム認証機関。
特定の業界の利害に偏らない公益的な経営専門団体として、日本能率協会（1942年創立）が培ったマネジメント思想・技術を背景に、「真に経営に役立つマネジメントシステム」の構築・維持を支援している。

審査員が秘訣を教える!
"改訂ISO9001(品質マネジメントシステム)"
対応・導入マニュアル　　　　　　　　　　NDC 509.66

2015年12月30日　初版第1刷発行
2016年9月23日　初版第6刷発行

（定価はカバーに表示されております。）

Ⓒ編著者　一般社団法人 日本能率協会 審査登録センター
発行者　井　水　治　博
発行所　日刊工業新聞社
〒103-8548　東京都中央区日本橋小網町14-1
電　話　書籍編集部　東京　03-5644-7490
　　　　販売・管理部　東京　03-5644-7410
　　　　FAX　　　　　　　　03-5644-7400
　　　　振替口座　00190-2-186076
　　　　URL　http://pub.nikkan.co.jp/
　　　　e-mail　info@media.nikkan.co.jp

印刷・製本　ティーケー出版印刷

落丁・乱丁本はお取替えいたします。　　　2015 Printed in Japan
ISBN 978-4-526-07493-6

本書の無断複写は、著作権法上での例外を除き、禁じられています。